なぜこれを知らないと日本の未来が見抜けないのか

政治と経済をつなげて読み解くDIMEの力

Ezaki Michio
江崎道朗

DIMEとは、Diplomacy＝**外交**、Intelligence＝**情報**、Military＝**軍事**、Economy＝**経済**の4要素を組み合わせた国家安全保障の基本戦略である

KADOKAWA

なぜこれを知らないと日本の未来が見抜けないのか

政治と経済をつなげて読み解くDIMEの力

はじめに

「台湾有事は日本有事」

かつて、凶弾に斃《たお》れた安倍晋三元総理はこう述べた。

実際に台湾で、中国による軍事紛争が起こったら、台湾にいる日本人たちはどうなるのか。

正式な国交がないため、台湾から無事に脱出し、帰国することはできるのだろうか。

紛争を仕掛ける側の中国に進出している日本企業の社員と、その家族たちは大丈夫なのか。拘束されたりするのではないか。たとえ中国政府によって拘束されなかったとしても、身の安全は確保されるのか。台湾の友人たちを助けるためにはどうしたらよいのか。

心配になって安全保障の専門家たちに聞いたが、異口同音にこう返された。

「いざというとき、台湾や中国にいる在留日本人たちを日本政府が助けに行くのは難しい。自分たちでなんとかしてもらうしかない」

果たして、それでよいのか。

あるとき、いずれ中国に赴任する予定だという商社勤めの知人と会った。

南シナ海や尖閣《せんかく》諸島を支配下に置こうとする中国の動きに対し、二〇一七年一月に誕生したアメリカのドナルド・トランプ政権がそれを脅威と見なすようになってからというもの、軍事だけでなく、知的財産をめぐる貿易戦争、そしてアメリカ国内からの中国系通信会社の排除、中国人留学生のアメリカ入国拒否など、米中対立が強まっている。

「このままだと、台湾をめぐって米中戦争になるかもしれないし、そうなったら中国にいるあなたも危なくなるので、中国に赴任するのはやめたほうがよいのでは？」

そう話したところ、彼は即答した。

「米中で戦争になれば、日本もタダでは済まないから、日本にいれば安全だということにはならないでしょう。それに、これは仕事なので、会社から行けといわれれば、中国に赴任することになる」

「そうはいっても……」

「ほんとうに戦争になるのなら、日本政府も中国への渡航を禁止するなどの措置をとるでしょう。まあ、心配しても仕方ないですよ」

「米中対立」「台湾有事」といった言葉が新聞紙上を飛び交うようになって久しい。

ロシアがウクライナに戦争を仕掛けるのではないか――。そうアメリカ政府が警告を発したとき、それを半信半疑に思った人は少なくなかったはずだ。だが、実際に戦争は始まってしまった。同じようにアメリカ政府は、このままだといずれ、台湾で戦争が起こるかもしれないと警告している。

さすがにまずいと感じて、中国から日本を含む他国へと生産拠点を移す日本企業がじわじわと増えている。実際に中国とのビジネスをどうしたらよいのか、私もさまざまな相談を受けてきた。日本の経営者たちには、もちろん、社員とその家族の安全に対する責任がある。

「いずれ台湾有事になるのだから、台湾や中国から撤退すべきだ」

こうあっさりいう人もいるが、事はそれほど単純ではない。

これまで多額の投資を中国に行なってきた企業からすれば、「ほんとうに起こるかどうかもわからない台湾有事のために、大損を覚悟で撤退する」という判断をくだすのは、なかなか難しいだろう。

関西のある大手メーカー幹部から、こういわれたことがある。

「中国市場から撤退したとして、そこで失うことになる売上をどこで稼げばよいのか。中国のような市場がアジアのどこにあるというのですか？　それに、中国から撤退して売上を大幅に減らすということは、社員を大幅にリストラするということになりかねません。それは避けたい」

貿易額だけを考えても、いまや日本にとって最大の取引相手は中国であって、アメリカは二番目だ。少しずつ対中経済依存度を減らしているとはいえ、いきなり経済関係を断つわけにはいかない。そうなると、当面は中国で働く日本人が必要になる。もっとも、台湾有事となれば、台湾や中国にいる社員とその家族が危険にさらされる。

ならば、中国でのビジネスから撤退したとして、代わりにどこでどのように儲けるのか、代替案がすぐ見つかるわけでもない。本書で詳しく述べるが、日本政府も手をこまぬいているわけではなく、対中経済依存度を減らすべく、自由主義陣営内でのサプライチェーンの再編などを進めているが、どうしても時間がかかる。

かくして台湾有事が起こらないことを祈りつつ、対中依存度をいかに減らしていくか、中国に代わってどこでビジネスをするのか、多くの企業経営者はひそかに悩んでいるのだ。

より正確にいえば、悩んでいるが、そこでどう考えればよいのかわからず悶々《もんもん》としている人が多いように思える。

その一方、政治の側も台湾有事となったとき、台湾や中国にいる日本人たちを救出する力が現在の日本にはない、と思い込んでいる節がある。

「いざというとき、外国にいる日本人を助けることが日本政府の役割ではないのですか」

かつて、ある政治家にこう詰問したことがある。そのときのやりとりが忘れられない。

「日本はね、憲法の制約があって自衛隊の海外派兵はできないのです。紛争地帯に自衛隊を派遣すれば戦闘になるかもしれない。それは憲法で禁じられているのですよ」

「では、いざというとき、海外の日本人を見捨てるということですか」

「だから、台湾有事とならないように、アメリカをはじめとする国々との連携を強めたり、防衛力を強化して抑止力を高め、中国が戦争をしないように圧力を加えたりしているんです」

「しかし、それで台湾有事を避けることができるのでしょうか」

「……」


ここで、最初の問いに戻りたい。

そもそもほんとうに台湾有事となったとき、台湾や中国にいる日本人の救出は不可能なのだろうか。日本にミサイルを向け、尖閣諸島を連日のように脅かしている中国とのビジネスをどう捉えるべきか。激化する一方の米中対立の行方はどうなるのか。紛争の可能性がある外国でビジネスをするリスクをどのように考えるべきか――。

　こうした、みなが直面する国際政治とビジネスの難問を読み解くことができるキーワードがある。

　DIME《ダイム》という言葉だ。

これは、Diplomacy（外交）、Intelligence（インテリジェンス＝情報）、Military（軍事）、Economy（経済）の四つの頭文字を組み合わせたものである。

　歴史を振り返れば、外交交渉だけでは、紛争が回避できなかったケースは山のようにある。かといって、軍拡に対して軍拡で対抗して結果的に戦争になった事例も数えきれない。そうした歴史に学び、国際社会、とくにアメリカや中国は、外交や軍事だけでなく、経済・貿易、そしてインテリジェンスを組み合わせて国家安全保障戦略を策定し、懸命に自国の国益、自国の国民と企業を守ろうとしているのだ。

　たとえばアメリカは、仮に米中で戦争が起こったとき、国務省を使って外交交渉をする（D）だけでなく、軍事的に中国を恫喝《どうかつ》する（M）、財務省を使って在米の中国共産党幹部の資産を凍結する、商務省を使って中国系企業をアメリカ市場から追放する（E）、FBI（米連邦捜査局）などを使って在米の中国共産党幹部の関係者を拘束する（I）といった、外交（D）、軍事（M）、経済

（E）、インテリジェンス（I）を使って対抗措置をとり、在中のアメリカ人たちを守ろうとするにちがいない。あるいは在米の中国共産党幹部の関係者を拘束するなどして、人質交換といった手段を駆使することもいとわないだろう。

そして、アメリカ政府が自国の国民と企業を守るためにそうした手段をとることを、アメリカ国民の大半は容認、支持しているのだ。

そもそも外国との紛争が起こることを想定して、全世界にいる自国民と自国益を守るために、アメリカ政府は、外交、インテリジェンス、軍事、そして経済の四つの面での準備を怠ることなく進めているのである。

本来、独立国家は自国の国益、自国の国民の自由と財産を守ることを最優先し、そのためにはあらゆる手段を使うこともいとわない（ただし、外国にいる自国民を助ける「意思」はあっても「能力」を有している国は、それほど多くない）。

そして国際連合も、国家が自国の独立と自由を守るために、軍事力行使に代表される自衛権行使を認めている。

それでは、日本はどうか。そもそも日本はこのＤＩＭＥという考え方をどこまで採り入れているのか。経済安全保障という言葉が脚光を浴びるいま、かつてに比べて、日本の国際安全保障、国際政治への向き合い方はどう変化してきたのか。その先に、苛烈な国際社会のなかで日本はどのようなポジションを築き、どこに進もうとしているのか。

そうした歴史と現在地、そして未来を知ることで、企業は国際政治に振り回されることなくビジネスの見通しを正確に描けるようになり、個人は生き馬の目を抜く国際社会の実態、アメリカや中国、ロシアなどによる多面的な対立抗争の実態を理解し、その先を見抜けるようになるだろう。そうした切実なニーズに応えるために、本書は執筆された。

ならば、そこでＤＩＭＥを語る筆者とは何者か、「はじめに」の最後に少しだけ述べておきたい。

私は二十代後半から国家の基本政策、とくに外交・安全保障の政策研究に関与してきた。

安倍元総理が率いる政策集団「創生日本」で防衛・国家安全保障体制の再構築プランをつくってきた衛藤晟一《えとうせいいち》参議院議員の政策スタッフ、次いで平沼赳夫《たけお》元経済産業大臣が創設した新党「たちあがれ日本」の政策スタッフを務め、霞が関の官僚たちとの実務に携わるようになった。

第二次安倍政権下の二〇一三年には、石原慎太郎衆議院議員の政策担当秘書兼「日本維新の会」

国会議員団政策調査会事務部長に就任、その後、「次世代の党」事務局次長などを務め、防衛、安全保障体制の再構築に関与してきた。

二十年以上にわたる永田町での経験と、霞が関との人脈を通じて、戦後の日本の政治の現実と限界、そして可能性も自分なりに見てきたつもりである。その経験からこう断じたい。

日本はいまよりも、もっと強く、もっと賢くなることができる。

微力ながら、本書でその筋道を描き出してみたい。

なぜこれを知らないと日本の未来が見抜けないのか
政治と経済をつなげて読み解くDIMEの力

目次

第3章 「戦後レジーム」と「独立国家の学問」

第4章 たった十年で劇的に変化した日米同盟

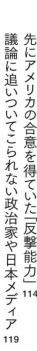

第5章

ウクライナ戦争を「DIME」で読み解く

第6章

企業が知るべき「経済安全保障推進法」

終章

戦前に失われた「I」を求めて

第1章

国家の「独立」とはどういうことか

「我が国は」から「私は」に主語が変わった理由

「日本はもうダメだ」と思っている人は少なくはない。とはいえ、実際に「日本は」という主語で物事を考えている人も、それほど多くない。

十年ほど前のことだ。ある閣僚経験者がこうつぶやいた。

「財界人と懇談をしていると、昔は『我が国は』という話が多かった。だが、だんだん『我が経済界は』『我が財界は』という話題になり、最近は『我が社は』『私は』という個人的なことを話題にする経営者が増えた。要は、天下国家を考える財界人が減ってしまったのだよ。ほんとうに寂しい」

銀座の鮨屋でしみじみと吐露されて、どう答えてよいのかわからずに困惑したことを思い出す。

だが一方で、長引くデフレと米中対立の狭間《はざま》でじり貧の日本を見て危機感を抱き、なんとかして日本も生き残っていかなければ、と考える若い人たちも現れている。たとえば私が各地で講演会を行なうと、新幹線を使ってわざわざ駆けつけてくれる人がいる。

「日本はもうダメだ」と投げやりにならず、「日本は」「我が国は」という主語で時事問題を考えようとする若者たちが、たしかに存在する。

そうした方々に向けて、次のような譬《たと》えを私はよく話す。

「国際政治で勝ち抜こうと思うなら、相手国を徹底的に研究し、勝つための対策を講じることが重要だ。たとえば、サッカーの試合で勝つためには、相手のチームを研究するとともに、自らのチームの技量を懸命に上げていくことが必要になる。

みなさんに問いたいのは、相手を非難して溜飲《りゅういん》を下げるだけでよいのか、相手に勝ちたくはないのか、ということだ。相手国を罵倒したところで、日本が賢く、強くなるわけではない。戦争を思いとどまらせ、平和と自由を確保するためにも、日本はＤＩＭＥという多面的な対立抗争の国際ゲームで勝利をめざすべきだ」

さらにこう続ける。そこで日本がＤＩＭＥという国際ゲームで勝利をめざそうとするなら、まずはその国家が国家たりえている基本中の基本を知っておく必要がある——。

その基本とは、政治的独立、経済的独立、そして精神的独立とは何か、ということだ。

国家の本質を考えるうえで欠かすことのできないこの概念の存在を私に教えてくれたのは、マレーシアのある知識人だった。

キリスト教への改宗を迫られたマレーシア

一九八〇年代のことだ。東南アジアのマレーシアは、発展途上国から先進国へと向かうために「ルックイースト（日本と韓国に学べ）政策」を推進していた。敗戦後の焦土から瞬く間に経済発展を遂げ、欧米諸国と肩を並べたアジアの国である日本と韓国の経済・社会政策を採り入れようとしたのだ。

このルックイースト政策を提唱したマハティール・ビン・モハマド首相のブレーンだった方にインタビューしたことがある。一九九四年のことだ。マレーシアを代表する知識人である彼は、次のように語った。

「独立には三段階ある。政治的独立、経済的独立、そして精神的独立だ。マレーシアは（一九五七年にマラヤ連邦としてイギリスから）政治的独立は勝ちとったものの、経済的独立、精神的独立はまだだ」

当時、私は三十二歳の若造で、自分の無知を痛感していたこともあって、知ったかぶりをするのが嫌いだった。だから非礼を承知で、「それはどういう意味ですか」と聞き返した。

外国の政治家や軍人たちと話をするとき、大切なのは、相手の言葉を正確に理解しようとすることだ。文化的背景が違う日本人と外国人との議論で「だいたいこんなことをいっているのだろう」などと、いい加減に相手の言葉を受け止めていると、とんでもない勘違いをしかねない。

巨大な書棚を背にどっしりとした木製の椅子に座っていた彼は、よくぞ聞いてくれた、といわんばかりに説明してくれた。

「宗主国であったイギリスは、我々マレーシア国民に対して『マレーシアが近代産業国家になるためには、イスラム教からキリスト教に改宗しなければならない。キリスト教国家でなければ近代産業国家を築くことは無理だ』といってきたのだ」

マレーシアはイスラム教の国だ。だが、イギリスのように近代産業国家になって経済的発展を遂げたいと思うなら、イスラム教を捨ててキリスト教国家になるべきだ、とイギリスは示唆したのである。

当時、マレーシアの主要産業は農業だった。

自動車などをつくって外国に輸出できる近代産業国家になるためには、欧米の近代科学を習得しなければならないが、イスラム教徒のままでは無理だ、というのがイギリスの考えだったのだろう。名著『プロテスタンティズムの倫理と資本主義の精神』（岩波文庫）でマックス・ヴェーバーが指摘するように、資本主義、近代産業国家が成立した背景にはキリスト教の予定説が存在した。よって、キリスト教国家圏でなければ近代産業国家はつくれない、とイギリスは主張したのである。

一九八〇年代当時、近代産業国家として経済的に発展していたのは、アメリカ、イギリス、ドイツなどのキリスト教国家ばかりだった。中国もまだ貧困に喘《あえ》いでいた。そこでマレーシアは、イギリスからせっかく独立したにもかかわらず、先祖代々の宗教であるイスラム教を捨て、キリスト教徒になれ、といわれていたのだ。当時のマレーシアの指導者たちは、それに学問的に反論できずに苦悩していた。

マレーシアは日本の何に学ぼうとしたのか

非キリスト教国家では近代産業国家をつくることができないのか、経済的に豊かな先進国にはなれないのか――。そうした絶望感のなかで、あるとき彼らは「ああそうだ、日本という国があるじゃないか」と気づいたのである。

非キリスト教国家でありながら、日本と韓国は近代産業国家の建設に成功した。その秘密を学ぶことで、「キリスト教国家でなければ近代産業国家にはなれない」という当時の欧米の学問、経済学の暗黙の前提を変えることができるかもしれない。これが、ルックイースト政策の背景にあったのである。

日本は幕末に明治維新を成功させ、和魂洋才と称して日本人の魂を保持したまま、欧米に追いつき追い越せで懸命に学び、経済的に発展し、一九〇二年には世界の当時の覇権国家であったイギリスと軍事同盟（日英同盟）を結んだ。そして第一次世界大戦を機に、五大国の一つとして欧米と肩を並べるまでになった。

マレーシアからすれば、自らの国はイギリスの植民地になったのに、同じアジアの国である日本はイギリスと同盟を結び、イギリスと肩を並べたのである。しかも、先の戦争に敗れて敗戦国になったにもかかわらず、焦土から立ち上がり、瞬く間にイギリスを追い抜いて世界第二位の経済大国へと上り詰めた。経済的な発展のおかげでアジアで初めて先進国首脳会議（G７）の一員となり、国際社会の方向性について一定の発言権をもつようにもなった。

経済的に発展しなければ、政治的には独立しても、国際社会で発言権を保持できない。経済力がない発展途上国は先進国からまともに相手にすらしてもらえないのだ。それがどれほどみじめでつらいことか。その苦悩を実感として理解できる日本人は多くないだろう。多くの日本人にとって「外国」といえば、アメリカやヨーロッパや中国、韓国などであり、そこで東南アジアの人々の苦悩を知る機会はほとんどない。マハティール首相のブレーンだった方は、こう言葉を続けた。

「マレーシアはイギリスから独立したが、自前の歴史教科書を作成していなかった。そこで、イギリスが作成した東南アジア史で学ばざるをえなかった。その教科書のなかで、イギリスの植民地支配に抵抗して立ち上がったマレーシアの独立運動の指導者は、『反乱者』と書かれていた。しかもイギリスによるマレーシア支配は、文明の進歩の歴史として描かれていた。

なぜマレーシアで、自国の独立運動の指導者を『反乱者』だと教えなければいけないのか。我々マレーシアは、イギリスの植民地支配に立ち向かったことを正義と見なす歴史観をもちたいと考え、日本に学ぶことにしたのだ」

イギリスの植民地支配に立ち向かい、独立を勝ちとった歴史観をマレーシアは打ち立てたい。その史実を肯定したいのだ。そこで行き着いたのが先の大戦、日本の「大東亜戦争」である。

日本は戦前、欧米の植民地支配に苦しむアジア諸民族の「解放」を唱えた。この日本の動きに呼応して、英領マレー(現在のマレーシア)でも日本軍に協力する動きをしたマレーシア人がいた。そして日本軍のマレー・シンガポール作戦での日本の勝利がイギリスの植民地支配を終わらせ、マレーシアの独立へとつながった。

むろん、マレーシアの知識人層は、先の大戦での日本の振る舞いに問題があったことも理解している。だが、イギリスの植民地支配に立ち向かった日本の行動を是とすることで、自国の独立の歴史を肯定しようとしたのだ。

「イギリスの植民地支配に立ち向かい、自国の独立を勝ちとろうとしたことは正しかった」という自信を得なければ、いつまでもイギリスのいいなりで精神的属国のままだという危機感が、マレーシアの知識人層には深く浸透していたのである。

ASEANセンター代表・中島慎三郎先生との出会い

政治的独立だけでなく、経済的発展を遂げ、そして宗主国である先進国から精神的に独立したい。発展途上国の指導者層のこうした苦悩を私がより深く学ぶことができたのは、民間シンクタンクASEANセンターの代表であった中島慎三郎《しんざぶろう》先生のおかげだった。

中島先生は、インテリジェンス、つまり外国の内情をより深く知り、その情報を国政に反映させることがいかに重要か、国際社会で日本が勝ち抜くためにはなぜそれが大切なのかを私に教えてくれた。

たいした才能のない、民間人の私がインテリジェンスの世界に入るきっかけをつくってくれたのが、中島先生だった。

中島先生は一九一九年生まれで東京府立実科工業学校（現・都立墨田工業高等学校）を卒業後、陸軍航空本部建築課に勤務された。一九三九年に徴兵によって陸軍野砲兵第一連隊に入隊し、マレー・シンガポール作戦に従軍、一九三九年から四五年にかけて衛生兵としてインドネシアを転戦された。

帰国後は花屋を経営しながら、民間の研究機関インドネシアセンター（のちにＡＳＥＡＮセンターと改称）を、加藤六月《むつき》（のちに農林水産大臣、加藤勝信元内閣官房長官の岳父）氏らと設立し、以後、民間の立場から日本のアジア外交を支えてきた。とくに一九六七年のＡＳＥＡＮ（東南アジア諸国連合）設立に際しては、福田赳夫《たけお》氏（のちの総理大臣）の通訳、スタッフとして、インドネシア、マレーシアとの連絡役を務めた。

中島先生の人脈のすごさを伝えるエピソードを紹介しよう。

インドネシアのスシロ・バンバン・ユドヨノ大統領（当時）が就任直後に来日した二〇〇五年のことだ。東京は日比谷の帝国ホテルで、インドネシア大統領訪問団の一員として来日したインドネシア商工会議所（ＫＡＤＩＮ：Kamar Dagang dan Industri Indonesia）の幹部と話をしたことがある。

中島先生の随行としてその場を訪れていた私は、その幹部に英語で「私は中島先生の息子です」と自己紹介したところ（中島先生は親しい若者を自分の息子だと外国人に紹介するくせがある）、その幹部は笑って「ぼくもそうです」と答えた。彼も中島先生のお弟子さんだったのだ。

中島先生が「せっかくなので、なんでも話をしていいよ」とおっしゃったので、「それでは、義理の兄弟ということで頼みがあります。『日本の総理大臣が靖国神社に参拝することを支持する』と、ユドヨノ大統領閣下から話をしていただけませんか」とお願いした。当時は小泉純一郎総理の靖国神社参拝をめぐり、中国が感情的な批判を繰り返していた時期だ。

私の発言を中島先生がインドネシア語で通訳すると、その幹部は「父とも仰ぐ中島さんからのお願いであるならば、大統領に相談してみます」と即答した。二日後の六月三日、ユドヨノ大統領は自民党の安倍晋三幹事長代理（当時）と会見し、「国のために戦った兵士のお参りをするのは当然だと思う」と述べて、靖国神社参拝を支持したのだ。

当時の私は国際社会といえば、アメリカと中国、そして韓国くらいしか視野に入っていなかった。だが、インドネシアのような国の人たちと連携することで、まったく違った対外政策や外交を打ち出せることを学んだのである。視座を高く、世界の大局を見据えることの大切さを中島先生から実地で教えられたのだ。

初対面の言葉は「一緒にインドネシアに行こう」

中島先生との出会いは一九九一年のことである。当時、私は二十八歳だった。

出会いのきっかけは、一九九一年四月二十七日～五月三日に海部《かいふ》俊樹総理がＡＳＥＡＮ諸国を歴訪し、シンガポールで「多くのアジア・太平洋地域の人々に耐え難い苦しみと悲しみをもたらした我が国の行為を厳しく反省する」と演説したことであった。

「過去の反省」に言及したこの海部外交をどう受け止めるべきか、当時、小さな出版社に勤めていた私は、アジア諸国の歴史認識について詳しい高千穂商科大学（現・高千穂大学）の名越二荒之《なごしふたらの》助《すけ》先生（ロシアのインテリジェンス研究で著名な名越健郎《けんろう》・拓殖大学海外事情研究所教授のご尊父）にインタビューを行なった。その際、アジアの専門家として紹介されたのが中島先生だった。

この年の八月、名越先生に連れられて中島先生の事務所を訪れた。新橋駅から歩いて五分ほどのところに「インドネシアラヤ」というインドネシア料理屋があり、そのビルの地下一階に「ＡＳＥＡＮセンター」という名の中島先生の事務所があった。

のちに、このＡＳＥＡＮセンターの研究会に私も参加するようになったが、参加者には、日本経済新聞社、読売新聞社などの記者や、外務省、経済産業省などの現役官僚のみならず、ときには福田康夫衆議院議員（のちの総理大臣）、林田悠紀夫参議院議員（元法務大臣）、塩川正十郎《まさじゅうろう》衆議院議員（のちの財務大臣）、中川昭一衆議院議員（のちの経済産業大臣）、板垣正参議院議員、石原慎太郎東京都知事、西村眞悟衆議院議員といった錚々《そうそう》たる政治家も参加していた。研究会の片隅で、こうした方々の議論を直接聞けたことは僥倖《ぎょうこう》であった。じつをいえば、私に石原慎太郎先生を紹介してくれたのも中島先生である。

ビルの狭い階段を下りて部屋に入ると、三方を本棚で囲まれ、新聞や資料でごった返した一五畳ほどの一室に、ラフなシャツでミッキーマウスの帽子をかぶった中島先生がいらっしゃった。聞けば、ＡＳＥＡＮセンターは中島先生が個人で運営している私設の事務所で、本業はインドネシア料理店と花屋の経営であるとのこと。

名刺を渡したところ、開口一番、中島先生は身を乗り出してこういった。

「君は外国語ができるのか。海外には何度行ったことがあるか」

内心、「インタビューに来たのは私のほうなのだが、なぜ質問されないといけないのか」と思ったが、正直にこう答えた。

「海外にはほとんど行ったことはないし、外国語も英語を少し読めるくらいです」
落胆させたかなと思ったが、中島先生はまったく意に介さず、こうまくし立てた。
「外国に行かないと、相手国の実情を正確に理解できないし、日本の価値もわからない。東南アジアには、日本人以上に日本を愛している人たちがたくさんいるのに、日本人は中韓両国だけがアジアだと勘違いしている。アジア諸国に行って現地のトップと直接話をすれば、日本がどれほどすごい国で、どれほど期待されているのかがわかるはずだ。ぼくはこれまで三〇〇回以上、東南アジア諸国に行った。

名越先生も文献ばかりを読んで本を書いているから、時折ピントの外れたことを書いていた。だから一緒に東南アジア諸国を回ったのだ。今度インドネシアに行くから、君も一緒に行こう」

初対面の、それも外国語もろくにできない若造に、「一緒にインドネシアに行こう」と誘ってくるこの人は何者なのだ——。呆気《あっけ》にとられた隣で名越先生が笑っていた。

国際政治のなかで経済的に発展することの大切さ

気を取り直して、日本の外交政策について話を伺った。中島先生の話はあちこちに話題が飛んで、ついていくのがやっとだったが、私にとっては価値観の転換を迫られるものばかりだった。要点を記すと、以下のようになる。

①東南アジア諸国が日本に注目したのは、日露戦争のころからだ。欧米に匹敵する近代工業国になっていた日本の価値を理解する指導者が、当時からアジアには存在していた。インドネシアでいえば、インドネシア独立の父とも呼ばれるモハマド・フスニ・タムリン博士がそうだ（首都ジャカルタのセンターストリートは、彼にちなんでタムリン通りと名づけられた）。タムリン博士が日本の工業力を評価していたから、先の大戦のときも日本軍の進撃をインドネシアの指導者たちは好意的に歓迎した。つまり、戦争以前から近代産業国家の建設に成功していた日本を評価する指導者がアジアに存在していたおかげで、マレー・シンガポール作戦も、インドネシア攻略戦もうまくいったのであって、日本軍だけの成果ではない。

②先の大戦当時、日本は、アジア太平洋地域で戦争だけをしたわけではない。インドネシアでいえば、インドネシアが独立国家として成り立つように現地に学校を建て、戦争中のわずか三年間で一〇万人の知識人と三万八〇〇〇人の郷土防衛義勇軍をつくった。当時の日本軍は「戦

後」を考え、各地で人材養成もしていたのだ。

③日本の敗戦後のアジア情勢について、日本人はほとんど理解していない。日本の敗戦後、インドネシアはスムーズに独立できたわけではなかった。すぐに宗主国のオランダが攻め込んできて、インドネシアは四年近くも血みどろの独立戦争を余儀なくされたが、その主力となったのが、日本軍が育てた郷土防衛義勇軍であった。

つまり、日本の敗戦後も、自国の独立を勝ちとるべく、アジアの人たちは戦いを続けてきた。

④日本の敗戦後、アジア諸民族の独立を支援したのがソビエト連邦や中国共産党であった。このために、アジア・アフリカの独立運動の指導者の多くが共産主義に親近感を抱くようになったこともあり、東南アジアも共産化の危機に見舞われた。

インドネシアでは一九六五年に、中国共産党の周恩来の支援を受けて九・三〇事件という共産クーデターが起こったが、その共産革命を阻止したのが、先に述べた日本軍が育てた郷土防衛義勇軍出身のスハルト（のちに大統領）ら、インドネシア陸軍メンバーだった。

日本人はほとんど自覚していないが、先の大戦での日本軍の行動が、戦後のアジアの命運を左右してきたのだ。

⑤一九六七年、東南アジア諸国はＡＳＥＡＮを結成した。この構想を立案したインドネシアのアリ・ムルトポ准将（当時）は来日するたびに皇居を訪問し、靖国神社にお参りするような人物だった。彼は、日本と組むことで東南アジア各国が欧米と同じレベルの経済力をつけ、平和で発展する東南アジア地域をつくろうと考えたのだ。

彼はいつも国際会議で日本の経済力・技術力を称え、「欧米からの経済的自立なくして政治的独立は維持できない」と語った。日本は東南アジアの経済発展を支援し、「共存共栄のアジア」という理想を実現する責務があるはずだ。

要するに、「君はアジアのことを何も知らない」と、中島先生は懇々と教え諭してきたのである。

学生時代から国際政治、外交について関心を抱き、自分なりに勉強してきたつもりだった私だが、「下手の考え休むに似たり」よろしく、我流で勉強するだけではダメなことを痛感させられたのは、いうまでもない。

そして同時に、政治的独立だけでなく、近代産業国家を建設して経済的に繁栄することがいかに重要なことか、国際政治における経済の重要性を自覚するようにもなったのだ。

三〇〇〇冊を超える本を無料で送ってくれた真意

初対面の印象があまりにも強烈で、私は大きなショックを受けた。とはいえ、一時の興奮から冷めて「中島先生のお話をあまり真に受けるのもどうなのか」と感じるようにもなった。しかしお話自体がとても面白かったので、その後もたびたびＡＳＥＡＮセンターを訪れるようになった。

あるとき、失礼を承知で中島先生にこう申し上げた。

「中島先生のおっしゃることは真実だと思うのですが、それがほんとうに真実かどうか、私には判断がつきません。私としては裏づけがほしいので、どういう本を読んだらよいのか、教えてもらえないでしょうか」

怒られるかなと思ったが、大笑いしてこうおっしゃった。

「江崎さんは、お金はあるの。こうやって情報を収集・分析するためには莫大な資金が必要で、

1994年、マレーシアを中島氏とともに訪れた筆者。

ぼくは自分の会社の利益をかなりここにつぎ込んでいる。その不足分を埋めるため、ぼくのところで毎月経済界向けに数本の分析レポートを出していて、その購読料として月一〇万円ほどいただいているのだが」

月に一〇万円。安月給の私にそんなお金が出せるわけもなく、力なくこう答えた。

「そんなお金はありません。ただ、日本の外交を立て直すためには、中島先生のおっしゃっていることを正確に理解する必要があると思ったのです」

すると、中島先生はご自分が経営するインドネシア料理屋で食事をご馳走してくれて、ニコニコしながら、こうおっしゃった。

「そうか。江崎さんはぼくのいっていることを自分で確認したいのか」

その後、中島先生は私の自宅に一カ月に一回、段ボール一箱分の本と、中島先生の情勢分析レポートの束を送ってくれるようになった。それも、この本はどのように読んだらよいのか、それぞれに手書きのメモがつけられていた。

もちろん、一〇万円の請求書は入っていなかった。

送ってくださった本は、石油を含む天然資源の動向、発展途上国の経済・貿易、アメリカの金融の専門家の専門書から始まって、幕末から戦後にかけての近現代史、偉人伝、キリスト教やイスラム教などの宗教、そして国際共産主義、とくにソ連と中国共産党の書籍など、多岐にわたった。

結局、十年余りこうした付き合いが続き、中島先生からいただいた本は三〇〇〇冊を超えたのではないかと思う。

毎月のように三〇冊近く本を送ってくださるのだが、とても読み切れない。あるとき、正直に謝ったことがある。

「せっかく送ってくださっても、中島先生の分析レポートでさえ全部読めていませんし、本はとても手につきません」

すると、笑ってこうおっしゃった。

「いや、積読《つんどく》でいいのだよ。こういう本があるということを知っておけば、時期が来ればきっと手にとって読むことになる。焦る必要はない」

「しかし、時期が来ず、結局、読まずじまいになるかもしれません」とまた正直に答えると、中島先生は大笑いして、こう付け加えた。

「そうなったとしたら、君は国家のために役に立たなかったということだ。国際社会、とくに近現代史、経済、金融、そして宗教などに通じていなければ、外交、インテリジェンスの分野で役には立たないからね」

いったい優しいのだか厳しいのだか、よくわからなかったが、ほんとうに国のために役立つ人物になることを願って、毎月のように無料で大量の本を私に与えてくれたことだけは理解できた。人を育てることの大切さを教えてもらった私は、その後、若い人たち向けの勉強会、政治塾を主宰し、一〇〇〇人を超える仲間に恵まれることになった。

日本でも対外インテリジェンス機関創設、それも官民連携のインテリジェンス機関の話が出るようになった。もっとも、その議論は組織のあり方の話に終始し、機関を担う人材育成の話まではなかなか及ばない。

だが、視野が広く、国際政治、外交、軍事、経済、金融などに造詣が深い人材あってこそ、インテリジェンス機関は成り立ち、賢く強い日本を実現できる。

日本政府も、企業も、情報収集と分析を担当する人材の育成、とくに若い人への投資を惜しんではなるまい。

第2章

「覇権国家」は世界をこう捉えている

中島先生が東南アジア外交に関与したきっかけ

あるとき中島先生に、「花屋の経営者なのに、どうして福田赳夫総理らのスタッフとして東南アジア外交に関与するようになったのですか」と尋ねたことがある。

発端は岸信介《のぶすけ》総理だったという。安倍元総理の祖父にあたる岸総理は一九六〇年の日米安全保障条約の改定を成し遂げ、その後の日米同盟の基礎を築いた総理として知られている。

岸総理は一九五〇年代の後半、陸上自衛隊調査学校校長だった藤原岩市《いわいち》陸将ら、先の大戦中にアジア諸民族の独立を支援した情報担当の元軍人たちを集めて極秘チームをつくった（このエピソードについては終章でも触れる）。

「日本が独立国家として生き残っていくためには、対米依存ではダメだ。アジア諸国に独自の情報網をもつ必要がある。幸いなことに各国の独立運動を支援した関係で、君たちはインドネシアやインド、ビルマ（現・ミャンマー）、カンボジア、ベトナムなどの指導者と個人的に付き合いがある。そこで民間の立場で自由に情報収集をして、対策を立案してもらいたい」

岸総理の提案で結成されたこの極秘チームが、戦後のアジア各国との戦争賠償問題と国交樹立交渉を陰で支え、日本企業のアジア進出を促した。インドネシア語が話せた中島先生は、この極秘チームの一員としてインドネシア工作を担当した（同じくメンバーの一人でカンボジア工作を担当し、アジア・太平洋国会議員連合日本議員団事務局長を務めた只熊力《ただくまつとむ》氏のことは、『米中ソに翻弄されたアジア史』〈共著、扶桑社新書〉に書いている）。

もちろん情報収集にはお金がかかるが、経費が政府から出るわけではない（経費の一部は、高杉晋一三菱電機社長ら、経済界有志が負担した）。そもそも当時、日本政府はほんとうに貧乏だった。そこで中島先生は花屋での儲けをつぎ込んで、日本とインドネシアのあいだを三〇〇回以上、往復した。

「そもそも外交は政府・外務省がやるべきものなのに、なぜ民間人でありながら、中島先生はインドネシア工作を引き受けられたのですか」

こう尋ねると、中島先生は答えた。

「外交は、外交官だけでやるものではない。自由な立場で動くことができる民間人だからこそ、外交、インテリジェンスの分野でできることがある」

「外交は政府・外務省がやるべきことだ」と思い込んでいた私は、またまた自分の浅はかさを思い知らされた。

「情けない味方であっても、それは敵ではない」

一九九三年八月四日、河野洋平内閣官房長官が、いわゆる従軍慰安婦問題について談話（河野談話）を発表した。

その二日後の六日、非自民六党連立内閣の総理となった細川護熙《もりひろ》首相が、総理大臣として初めて先の大戦を「侵略だ」と明言した。同連立政権は、一九九五年までに国会で謝罪決議を採択することに合意した。

こうした動きに対して一九九四年四月、民間では「終戦五十周年国民委員会」（会長は加瀬俊一《としかず》・初代国連大使）が結成され、国会の戦争謝罪決議反対署名が始まった。

一カ月後の五月、羽田孜《はたつとむ》新内閣で法務大臣に任命された永野茂門《しげと》参議院議員が、法相就任直後の『毎日新聞』のインタビューで、「南京大虐殺はでっち上げだと思う」と発言した。永野氏は元陸上自衛隊幕僚長であり、謝罪外交に批判的な政治家の代表格だった。

この発言は中韓両国から厳しく批判され、永野法相はすぐに発言を撤回、在任わずか十一日で法相を辞任した。

「中韓両国の批判に屈して前言を撤回するとは許せない」「裏切られた思いだ」といった声が保守陣営の界隈《かいわい》で飛び交うなか、中島先生から電話があり、事務所に呼ばれた。そこで先生はこうおっしゃった。

「たしかに永野先生の発言の撤回は残念だ。しかし、情けない味方でも味方であって、敵ではない。味方がすべて立派で頼りになる人ばかりということは、まずありえない。頼りない味方ばかりでも、その頼りない味方を使って、いかにして敵に勝つかを考えるのが優れた指導者というものだ。この点が、戦争を体験していない人にはわからないようだ」

戦場を体験した中島先生ならではの「指揮官」論を聞くうちに、中島先生のように「いかにして敵に勝つか」という視点を自分が有していなかったことに気づかされた。私は感情的に反発しているだけだったのだ。

「戦場では、くたくたになるまで歩いて移動している途中、突如、戦闘に突入することがある。戦闘になれば銃弾や大砲の弾が飛び交い、それは恐ろしい。兵隊のなかには銃撃戦が始まった途端に戦場から逃げ出す臆病な人もいる。戦線離脱は重罪で、未熟な指揮官は逃げ出した兵士を処罰するが、そうした指揮官が率いる部隊は決して強くない。ほんとうに強い部隊の指揮官は、逃げ出した兵士を処罰したりはしない。

なぜなら、銃撃戦は決して長く続くわけではない。銃撃戦が終わると、逃げ出した兵士が戻ってきて負傷兵の手当てや食事の準備をしてくれる。戦った兵士は疲れ果てて、そんな余裕はない。逃げ出した兵士が戦った兵士の世話をしてくれるおかげで、結果的に次の戦闘の準備がスムーズに行なえるのだ」

そこで中島先生は、私に「感情的に反発するだけの人間になりたいのか、それとも勝利を勝ちとる優秀な指揮官になりたいのか」と問いかけたのだ。

「どんなに情けなくて、どんなに臆病であっても、味方であるなら役に立つこともある。そう考えて情けない味方を活用しようとするのが、優れた指揮官だ。戦争をよく知らない指揮官は、味方が臆病であること、情けないことを許せずに味方を斬ってしまう。その結果、味方がどんどん減って戦争に勝てなくなる。永野さんは臆病だったが、それでも永野さんを活用してどう戦いに勝つかを考えるべきで、永野さんはもうダメだという発想は青臭い未熟な指揮官の考え方だ」

「相手の力を使って勝つ」がインテリジェンスの本質

政治に「あるべき理想」を求めることは重要だ。理想なき政治は、たんなる妥協の産物に堕してしまう。と同時に、大事なのは「勝つ」ことであり、そのためにどうしたらよいのかという視点を併せ持つことが、きわめて重要である。

中島先生の話を聞きながら、私は自問自答した。そしてすぐに確信した。不平不満を口にするだけの人生なんて、まっぴらごめんだ。

続けて先生にこう聞いた。

「中島先生は、政治家になろうとは思わなかったのですか」

若くして岸総理、福田総理らのもとで対アジア外交を担い、ビジネスでもいくつもの会社を経営して、それなりに成功してきた方だ。政治家になろうと思えばできたはず。そこで返ってきた答えを、私は一生忘れない。

「江崎さん、政治家というものは使うものであって、なるものではないんだよ。たしかに民間人のままでは世間から脚光を浴びることはないが、大事なことは日本をよくすることであって、自分の名前を売ることではないはずだ」

「政治家を使う」という発想は、当時の私にはかなり刺激的だった。おそらく中島先生は、政治家をただ偉い人として祭り上げるのではなく、日本をよくするために政治家の力をいかにお借りするのかを考えろ、という意味でおっしゃられたのだろう。当時の私は、日本の政治をよくしよ

う と思えば政治家になるしかないのでは、と思う一方で、お金も社会的地位もない若造の自分が政治家になれるとも考えていなかった。

同時に、マスコミ報道などを見て、「政治家たちは何をやっているのだ」と不満をもち、親しい政治家がそれほどいるわけでもないのに、なんとなく政治家を小ばかにしている自分がいた。

そうやって日本の政治に不平・不満を述べるだけの人生でよいのか。中島先生のように民間人でありながら、「政治家の力を借りて」日本の政治をよくしていく道をめざすべきではないか。

そもそも日本は、我々有権者の代理として選んだ政治家に、我々に代わって法律や政策を作成させる代議制民主主義（間接民主主義）国家だ。ある意味で、我々有権者の意向を自分たちが選んだ政治家を通じて政治に反映させる仕組みを採用しているわけで、行政を動かすために「政治家の力を借りる」という発想は、ごく自然である。

そう思い定めて政治家たちのスタッフとして国政、外交に携わる道を模索するようになったおかげで、平沼赳夫経済産業大臣や石原慎太郎先生ら、日本を代表する政治家のスタッフとして国政、とくに外交、インテリジェンス、安全保障にかかわるようになった。人生というものは、ほんとうに面白い。

そして、自分の力だけでなく、「相手の力を使って」でも勝とうとする発想こそ、じつはインテリジェンスにとってきわめて重要であることを、その後、私は理解するようになっていったのだ。

アメリカは、敵と味方を間違える天才である

あるとき、中島先生に「アメリカについてはどのように考えていますか」と尋ねたことがある。

「インドネシアの陸軍幹部がいっていたが、アメリカは敵と味方を間違える天才なのだよ。国際社会のルールを決めている覇権国家（ヘゲモン：hegemon）でありながら、アメリカは気に入らない国に対しては、すぐにぶっ叩《たた》く悪いくせがある」

この「アメリカは敵と味方を間違える天才」という言葉は以後、私が国際政治を考えるためのキーワードになった。中島先生はさらに続けた。

「ところが意外なことに、アメリカは各国の内情をよく知らないことが多い。ときにはとんでもない勘違いをすることもある。だから先の戦争でも、日本を敵だと誤解して徹底的に追い詰め、打ち負かしたが、その結果、中国はソ連と中国共産党の影響下に入り、共産化してしまった。ほんとうの敵はソ連をはじめとする共産主義勢力である、と日本を叩き潰したあとに気づいたアメリカ人も多かったのだ。

勝手に日本のことを誤解して、日本のことを敵視して、日本を叩き潰したあとに、じつは敵を間違えた、と反省したわけだ。日本からすれば、ふざけるなといいたいところだが、アメリカはそういう国だと思って付き合うしかない」

こうした視点で、私は近現代史、日米戦争を見たことがなかった。というのも、アメリカは一貫して日本を敵視していたと思っていたからだ。日本の論壇に議論を呼んだ『大東亜戦争肯定論』（林房雄著、中公文庫）などの論調は、アメリカと日本は永遠のライバル関係であり、日米対立は宿命であるかのような書きぶりである。

しかしその後、実際に訪米してアメリカの民間シンクタンクの研究員や米軍関係者と話をするようになり、中島先生のいっていることが真実であると学んでいく。

アメリカは世界中を相手にしているが、日本のことを詳しく知っている人はほんとうに少ない。そもそも、日本、中国、韓国の違いを明確に理解している人は少数だ。こう講演で話すと、アメリカ人はなんて杜撰《ずさん》なんだ、と怒る人もいるが、お門違いである。たとえば日本人でも、ハンガリーとルーマニアとポーランドの違いを理解できる人がどれほど存在しているのか。あるいは同じアジアでも、インドネシア人とマレーシア人の区別がつく人は稀だろう。

じつは、どの国も外国のことをよく知らないのである。そして、よく知らないのに自分の国の発想の延長線で勝手に相手の国のことを誤解し、そうした誤解をしていることにも気づかない。

中島先生から指摘されるまで、私自身、アメリカとはそもそもどういう国なのか、よく考えたことすらなかった（こうした問題意識から、アメリカ政治、とくにアメリカの戦後史を深く理解しようとして、ヘリテージ財団専任特別研究員のリー・エドワーズが著した『現代アメリカ保守主義運動小史』〔育鵬社〕を監修・発刊した）。

「アメリカは敵と味方を間違える天才ですか。そんな困った国とどのように付き合ったらよいのでしょうか」

こう問うと、中島先生は次のように述べた。

「日本は大国だから、アメリカから誤解をされてもなんとかやっていける。しかし、ASEAN諸国のような小国にとっては、ちょっとした誤解が自国にとって致命的なダメージになる。だからASEAN諸国の指導者たちは、アメリカが妙な誤解をしないように、自国の優秀な政治家や外交官の卵をアメリカの大学に送り込んで、学生時代から友人関係を築かせるなど、必死に相互理解関係を強化しようとしているのだよ。長年の友人関係を築いておかないと、アメリカ人は相手にしてくれないからね」

日本政府も多くの官僚たちをアメリカの大学に留学させているが、果たしてそうした発想をもっているのか、幾人かの関係者に聞いたことがある。みな一様に、「その官僚たちの箔付《はくづ》けのためであって、アメリカの指導者たちとの個人的な友人関係を築かせる、という発想は薄いのではないか」と答えてくれた。

同盟国アメリカに優秀な人員を送り込み、若いころからアメリカの指導者たちと関係を築かせ、情報をとってこさせる。こうしたインテリジェンスの基本が日本では、霞が関のあいだですらあまり理解されていない。政治家たちも現状を放置している。この現実を改善するところから、日本の対外インテリジェンス機関創設の話を始めねばなるまい。

『金持ち父さん 貧乏父さん』に学ぶ覇権国家の思想

中島先生にこう質問したこともある。

「それでは、アメリカ人と付き合ううえでどういう点に留意したらよいですか」

すると、「まず、アメリカのエリートたちの思考回路を正確に理解することだ」と、二冊の本を紹介してくれた。

アメリカ人の投資家であるロバート・キヨサキ氏が書いた『金持ち父さん 貧乏父さん』『金持

ち父さんのキャッシュフロー・クワドラント』（ともに筑摩書房）という本だった。

「なんだ。金儲けの本か」と不満そうな顔をしたのを目にとめたのだろう、苦笑しながら中島先生は、こう説明してくれた。

「ロバート・キヨサキは、お金の流れを踏まえて人を四つの類型に分けている。Employee（従業員）、Self employed（自営業者）、Business owner（ビジネスオーナー）、Investor（投資家）というE、S、B、Iの四つだ。

このうち、EとSは自分が働いてどう稼ぐかを考える人、逆に、BとIは人を働かせてどう儲けるかを考える人だ。日本人の多くは、EとS、自分が懸命に働いて儲けようとする。しかし、それは従業員の発想だ。一方で、BとIは人を働かせてどう儲けるかを考える。これは経営者や投資家の発想で、じつはアメリカや中国の指導者たちもこうした思想で、国際政治、外交を考えていることをまず知るべきだ」

つまり、国際社会には国際社会を主導する覇権国と、覇権国に従うその他大勢の属国が存在している。この覇権国と属国では、そもそも基本的な発想が違う。

ロバート・キヨサキ氏は、自分がどうやって金儲けしたかについて書いているが、図らずもこの本は、欧米諸国のような覇権国家がどのような発想に基づいて動いているのかを描いているのである。世界のリーダーは、相手国をいかに働かせ、どのようにコントロールするかを念頭に行動しているのだ。

この「相手をどのようにコントロールするか」という発想と、「自分がどのように頑張るか」という発想はまったく異なる。

相手をコントロールしようとする人間は、相手のことを深く知ろうとする。アメリカや中国やロシアは、日本を含む相手の国の内情を必死で調べ、宣伝、恫喝、経済的利権、ハニートラップなどあらゆる手段を使って相手をコントロールし、自国の国益を確保しようとする。

この相手の国をコントロールする目的で相手の内情を調べ、対策を講じることこそを、インテリジェンスと呼ぶ。

このとき中島先生は、日本の政治の議論は属国的な発想が強いことが問題なのだとして、こう批判した。

「日本の政治、外交に関する議論で問題なのは、たとえば韓国がけしからんとして、韓国との付き合いをできるだけやめようとすることだ。それは属国の発想だ。覇権国ならば、韓国をどのようにしてコントロールするかを考え、韓国のことを徹底的に調べるべきだ。

中国に対しても同様だ。一部の対中強硬派は、断交なんてできるわけもないのにそう叫んで気持ちよくなっているだけで、実際は、中国や韓国をいかにコントロールするのか、という困難な課題や、現実に向き合うことから逃げている」

外交やインテリジェンスを軽視し、自国に閉じこもろうとする議論に対して、中島先生はつねに辛辣《しんらつ》だった。

「長らく日本の政治家たちと付き合ってきたが、左右を問わず、自国の歴史を知らない政治家が多いことにうんざりしてきた。隣国との付き合いを断って、自国に閉じこもって自分の国のことを考えているだけで、日本の独立と平和を守れるわけがない。

世界のなかで確固たる地位を獲得しなければ独立を守れないと思ったからこそ明治維新を起こし、開国と富国強兵をめざしたのでしょう。その明治の精神にまったく学ばずに、日韓断交だ、鎖国だ、国際化反対だという。そうして相手の国をコントロールしようとするエネルギーが弱まっていけば、日本は間違いなく負ける。

欧米のやり方を受け入れよという話をしているわけではない。国際社会のなかで日本は各国の内情を必死で調べ、相手の国をコントロールするように奮闘し、世界のルールをつくる側に回るべきだといっているのだ。この相手のことを深く知ってコントロールしようとする『独立国家の学問』を、日本は明治からずっと築き上げてきた。ところが、そうした学問が敗戦後、占領政策によって破棄させられてしまった」

私は大学生のころから日本の敗戦後の対日占領政策についてそれなりに学んできたので、占領政策の実態について、ある程度は知っていた。しかし、ここで中島先生から占領政策の話が出てくるとは思わなかった。

占領政策の問題点は、慶應義塾大学で教鞭をとった文芸評論家、江藤淳氏たちが一九八〇年代に問題提起を行ない、左右を問わず論壇の大きなテーマとなった。

あれからすでに四十年以上が経った。あらためて、占領政策と戦後日本のあり方について説明しておこう。

敗戦後、日本は「独立国家の学問」を奪われた

発端は一九四五年八月、日本がアメリカ主導の連合国を相手にした戦争に負けたことだ。

その後、米軍は日本に進駐して、日本全土が米軍を中心とする占領軍の支配下に置かれた。そこで占領軍は、日本政府に対してさまざまな改革を要求した。

その改革の基本方針は、一九四五年九月二十二日、アメリカのハリー・トルーマン民主党政権

が策定した「降伏後に於ける米国初期の対日方針」に示された。

第一部「究極の目的」には、なぜアメリカが敗戦国の日本を占領するのか、その目的について次のように記している。

〈日本国に関する米国の究極の目的にして初期に於ける政策が従うべきもの左のごとし。

(イ)日本国が再び米国の脅威となり、または世界の平和および安全の脅威とならざることを確実にすること。

(ロ)他国家の権利を尊重し、国際連合憲章の理想と原則に示された米国の目的を支持すべき、平和的かつ責任ある政府を、究極において確立すること〉

つまり、〈初期に於ける〉占領政策の〈究極の目的〉とは、アメリカの目的に従う「従属」政府を確立することだったのである(第8章で触れるが占領後期になると、その目的は大きく変更され、日本を「反共の防波堤」と位置づけて、一定の軍事力と経済力をもつことを容認する政策へと変更された)。

そのために、占領軍は何をやったのか。

学校の歴史教科書では、敗戦後、占領軍は日本を民主化したことになっている。たしかに戦前の日本に存在していた自由と民主主義を尊重する政治制度を復活・強化した面もあるが、同時にアメリカの目的に従う「従属」政府を樹立するため、日本は独立国家としての仕組み、そして「独立国家の学問」を奪われた。

占領軍は一九四五年九月十四日、同盟通信社に業務停止命令を出した。同盟通信社とは、世界各国に拠点を置く通信社だったが、じつは対外インテリジェンス機関も兼ねていた。この機関は世界中のニュースを把握するための情報収集組織であったのだ（詳細は拙著『緒方竹虎と日本のインテリジェンス』〔PHP新書〕を参照）。

占領軍は最初に世界中からの情報を収集する部門を潰し、日本の〝目と耳〟を奪ったのである。次いで十月十五日、治安維持法関連法を廃止し、国内のインテリジェンス関係の組織と法令をすべて廃止して、スパイ防止も含めたさまざまな学問的基盤を禁止した。

十一月三十日には陸軍省、海軍省が廃止されて、軍事学、国際政治学などが禁じられ、十二月十五日には神道指令が出され、神道、神話、天皇、伊勢神宮などの神道、国体学、日本はどういう国なのかという学問が排除された。

そして十二月三十一日、「修身、日本歴史及ビ地理停止ニ関スル件」と題する通知が出され、「修身・斉家《せいか》・治国・平天下」という自分と人生を考える人生学に関するもの、自らの国の歴史、さらには「地理」（ゲオポリティーク＝地政学）が学校教育から取り除かれた。

要は、インテリジェンス、共産主義、軍事、国際政治、神道、神話、国体、修身、国史など、独立国家として精神的、経済的独立を果たすために重要な学問的な基盤を、占領軍は日本を占領してわずか三カ月で禁じたのである。

アメリカはこうした対日占領政策の研究をいつ始めたのか。なんと、一九四二年二月である。一九四一年十二月八日の真珠湾攻撃からたった二カ月後、シンクタンクと国務省が日本の専門家を全米からかき集めて、対日占領政策の研究を開始しているのだ。

だからこそ、アメリカ主導の占領軍は、日本を占領してわずか三カ月で、日本を独立国家たらしめている外交、インテリジェンス、軍事組織をすべて廃止するだけでなく、その学問的基盤までを禁じ、アメリカに従属する日本人育成のための学校教育プログラムを実施することができたのである。

相手国を徹底的に調べてコントロールしようということの発想が、どれほどすごいことなのか。アメリカのケースを我が日本に転じてみればよくわかる。

二〇二二年十二月、岸田文雄政権は国家安全保障戦略を改定し、中国、ロシア、北朝鮮の脅威に備えるべく、防衛力を抜本的に強化することを決断した。

だが、この岸田政権の決断を受けて日本の外務省と民間シンクタンクが、中国やロシアをコントロールするためにどうしたらよいのか、と全国の専門家をかき集め、対中、対露政策の研究部門を設置したかといえば、そんなことはない。あるいは中国、韓国はけしからんという人たちが、中国を骨抜きにするためにどのような対中政策が必要かを真面目に研究しているとも思えない。嫌いだから付き合いたくないというレベルかもしれないが、いくら付き合いたくなかろうが、相手がちょっかいを出してくれば、対応せざるをえない。嫌いだから付き合いたくないというのは、独立国家の発想ではない。

覇権国家アメリカと日本とでは、対外政策の根幹、発想が根底から違う。その違いを理解したうえで、日本もまたアメリカに学ぶべきなのだ。

占領軍が没収して焼き払った「知の蓄積」

そのためにいま日本に必要なのは、経済や軍事やインテリジェンスを使って相手をコントロールしようとする「独立国家の学問」である。

幸いなことに我が国の先人たちは、「独立国家の学問」を習得し、多くの学問的な成果を残しているが、その存在を知っている人はそれほど多くない。というのも、占領期間中にこうした学問的成果は「焚書《ふんしょ》」、つまり燃やされてしまったからだ。

評論家の西尾幹二先生が明らかにしているが、占領軍は占領中、一九二八年から一九四五年九月二日までの十七年間の二二万点の刊行物のうち、三・五％にあたる約八〇〇〇点を「没収宣伝用刊行物」に指定し、没収して焼いてしまった。

どのような書物が焚書されたのか。

第一の分野が、戦争に関連する本だ。シナ事変や三国同盟、日米開戦、マレー・シンガポール作戦など、多くの本が没収・破棄された。先の戦争を反省すべきだとよくいわれるが、そもそも先の戦争を当時の人たちがどのように考えていたのか、その事実を知る術《すべ》を奪われてしまったのである。

第二の分野が、戦時下の経済に関連する本だ。戦争を遂行するためには資金が必要である。その資金とロジスティクス（兵站《へいたん》）、戦争にかかわる物量をどう生産し、現場にもっていくのか。そうした国民経済にかかわる本も没収され、焼かれてしまった。

ちなみに日本の自衛隊は世界有数の規模を誇るが、継戦能力はわずか数日だといわれている。「たまに撃つ弾がないのが玉に瑕《きず》」という自虐的な川柳があるほど、武器・弾薬の備蓄が不足しているのだ。これは防衛予算が低く抑えられてきたからという側面がある一方、そもそも兵站の重要性を理解する自衛官や政治家が少なかったという学問の問題でもある。

第三の分野が、諸外国研究に関連した本だ。戦前の日本は、現在と比較にならないくらい世界各地のことを研究していて、そこでの「知の蓄積」は驚くべきものであった。ロシア、インドネシア、タイ、ビルマ、インド、中国などの政治情勢や指導者の経歴、歴史、軍事基地や港湾、地下資源を含む地理、文化、宗教、民族構成、隣国との関係などを徹底的に調べていたのだ。そうした「知の蓄積」もほぼ没収された。

第四の分野が、日本文化や日本人の精神文化に関連する本だ。『日本精神講座』(佐藤義亮編)、『皇道哲学』(佐藤通次)、『日本的世界観』(斎藤晌)、『国民精神の大本』(岩垂憲徳)といった本が没収された。その結果、「欧米の文化と日本の文化はどう違うのか」「キリスト教と仏教と神道はどう違うのか」「欧米の植民地支配と日本の統治はどこがどのように違うのか」など、当時の日本人が正面から取り組んでいた課題の「知の蓄積」が継承されなくなった。

現在の日本人の大半は、欧米の文化やキリスト教と日本の文化・精神がどのように違うのか、おそらく意識したことがないほどの「無国籍」状態に置かれている。我々は日本人としての根っこ、「知の蓄積」を喪《うしな》ってしまっているのだ。

もっとも、焚書された本の一部はいまの日本にも残っており、その一部を西尾幹二先生が解説をつけて出版・紹介してくれている（『GHQ焚書図書開封』シリーズ〔徳間書店〕）。

現代の日本には学問の自由が保障されており、西尾先生の本は誰でも入手することができる。「知の蓄積」を取り戻そうと思えば、いつでもできるのだ。しかし、それに目を向ける人は少ない。

微力ながら私も二〇二〇年、戦前の日本外務省が作成した「米国共産党調書」を現代語訳して、解説書を発刊した（『日本外務省はソ連の対米工作を知っていた』『米国共産党調書』ともに育鵬社）。この調書は戦前のアメリカに対して当時のソ連がどのような対米工作を仕掛けていたのかを詳細に調べあげた調査報告書であり、その水準は世界でもトップクラスだ。日本人はインテリジェンスが不得意だと勝手に誤解している人がいるが、実際はそうではないことを、この調書は立証している。

こうした明治以降の先人たちの「知の蓄積」を再発見し、活用することに意識を向ければ、そこから日本はもっと賢く、強くなれるはずだ。私たちはまず、日本がいかなる道を歩んできたのか、自分たち自身が何者なのかを学ばなければならない。

第3章

「戦後レジーム」と「独立国家の学問」

「戦後レジーム」の見直しは戦前回帰にあらず

敗戦後の占領政策などによって失われた明治以降の先人たちの「知の蓄積」を再発見し、現在の国際情勢を踏まえて活用すれば、日本はもっと賢く、強くなることができる。そう考えた政治家が、石原慎太郎衆議院議員であり、平沼赳夫元経済産業大臣であり、凶弾に斃れた安倍晋三元総理だった。

安倍総理は第一次安倍政権の二〇〇七年一月二十六日、衆議院本会議における施政方針演説で、次のように述べた。

〈私は、日本を、二十一世紀の国際社会において新たな模範となる国にしたいと考えます。

そのためには、終戦後の焼け跡から出発して、先輩方が築き上げてきた、輝かしい戦後の日本の成功モデルに安住してはなりません。憲法を頂点とした、行政システム、教育、経済、雇用、国と地方の関係、外交・安全保障などの基本的枠組みの多くが、二十一世紀の時代の大きな変化についていけなくなっていることは、もはや明らかです。我々が直面している様々な変化は、私が生まれ育った時代、すなわち、テレビ、冷蔵庫、洗濯機が三種の神器ともてはやされていた時代にはおよそ想像もつかなかったものばかりです。

今こそ、これらの戦後レジームを、原点にさかのぼって大胆に見直し、新たな船出をすべきときが来ています。「美しい国、日本」の実現に向けて、次の五十年、百年の時代の荒波に耐えうる新たな国家像を描いていくことこそが私の使命であります〉

ここで安倍総理は、〈終戦後の焼け跡から出発して、先輩方が築き上げてきた、輝かしい戦後の日本の成功モデル〉、つまり〈憲法を頂点とした、行政システム、教育、経済、雇用、国と地方の関係、外交・安全保障などの基本的枠組みの多く〉が、〈二十一世紀の時代の大きな変化についていけなくなっている〉という認識を示している。

この〈基本的枠組み〉のことを、安倍総理は〈戦後レジーム〉と称したが、当時は「戦前への回帰」「復古調」「戦後日本の成功モデルの否定」などと批判された。

発言を丁寧に読めば、それは誤解だとわかる。安倍総理が指摘したのは、戦後レジーム、敗戦後の日本の国家システムが時代の変化についていけなくなったので、敗戦後に何を失ったのかを我々は再確認し、〈次の五十年、百年の時代の荒波に耐えうる新たな国家像を描いてい〉こうということであった。戦前の政治体制を無条件に評価し、戦前の政治体制に戻ろうといったわけではない。

この「戦後レジームの見直し」についてはさまざまな政治家や有識者が解説しているが、私にいわせれば、これこそが占領政策で奪われた、軍事、戦時経済、インテリジェンス、日本のアイデンティティといった「独立国家の学問」に基づいた政治を確立することだといえよう。

その後、第一次安倍政権から麻生太郎政権を経て政権交代が起こり、二〇〇九年九月に民主党政権が誕生した。

下野した自民党の保守系の中心人物は、経済産業大臣などを歴任した中川昭一先生だった。政権交代直後の同年十月に中川先生が急逝され、保守系のリーダーを誰にするのか、という議論が起きた。

そもそもなぜ、民主党に政権を奪われてしまったのか。打倒・民主党政権というものの、その後に日本の政治をどう立て直すのか。議論を深めた結果、「もう一度安倍さんに立ち上がってもらおう」との結論から、二〇一〇年二月に「創生日本」という議員集団が発足した。その段取りを主導したのが衛藤晟一参議院議員（第二次安倍政権のもとで内閣総理大臣補佐官と少子化対策担当大臣を務める）だった。

〈私たちは戦後ただの一度も憲法を改正できず、自分の国は自分で守るということも、誇りある歴史と伝統を学校教育を通じて次代の子供たちに伝えることも、公務員制度を含む行政改革も十分になし得てこなかった責任を強く自覚せざるを得ない。誇りある独立国家として復活するためには、このような「戦後レジーム」からの脱却を何としても成し遂げなければならない〉――。

これが「創生日本」の基本理念であった。

当時の政権を担っていた民主党を批判するだけではダメだ、誇りある独立国家として日本を立て直さなければならない。そのためには、「自分の国は自分で守る」、つまり軍事的にも精神的にも過度の対米依存をあらためるべく、「戦後レジーム」からの脱却を成し遂げようと考えたのだ。

「創生日本」が動き出したその年の二〇一〇年九月七日、尖閣諸島沖で中国漁船衝突事件が起きた。この事件は、対米依存や現行の政治の仕組みのままでは日本を守れないことを痛感させることになった。

中国漁船衝突事件における日本政府の異常さ

九月七日、沖縄県石垣市の尖閣諸島付近の海域をパトロールしていた海上保安庁の巡視船「みずき」が、中国籍の不審船を発見し、日本領海からの退去を命じるも、それを無視して漁船は違法操業を続行、逃走時に巡視船「みずき」と「よなくに」に衝突し、二隻を破損させた。

海上保安庁はただちに同漁船の船長を公務執行妨害で逮捕し、取り調べのために石垣島へ連行、船長を除く船員も同漁船にて石垣港へ回航、事情聴取を行なった。同月九日、中国人船長は那覇地方検察庁石垣支部に送検された。

尖閣諸島は日本の領土であり、その周辺で違法操業を行なっている外国漁船を取り締まるのは海上保安庁の役割だ。そこで中国漁船は退去要請を無視しただけでなく、日本の巡視船にぶつかり、破損させた。当然、逮捕案件である。日本の漁船がロシアまたは中国の領海で同じことをしたら銃撃され、漁船も没収されただろう（現に二〇〇六年八月十六日、北海道の北方領土海域で操業していた日本漁船が、ロシアの巡視船に衝突したりなどしていないのにもかかわらず、ロシアの国境警備隊から銃撃を受け、日本人乗組員一人が死亡している）。

ところが中国政府は、「尖閣諸島は中国固有の領土」という主張を根拠として、北京駐在の丹羽《にわ》宇一郎大使を呼び出し、船長、船員の即時釈放を要求した。すると、菅直人《かんなおと》政権は十三日、船長以外の船員を中国に帰国させ、中国漁船も中国側に返還したのだ。船長に関してだけは国内法に基づいて起訴する司法手続きの方針を固めたが、中国側は激しく反発。すると二十四日、那覇地方検察庁が中国人船長を処分保留で釈放すると突如発表し、二十五日未明、中国側が用意したチャーター機で中国人船長は石垣空港から中国へと送還された。

こうした日本政府の対応の背景には、中国政府による対日報復措置があったといわれている。現に中国政府は同月十九日、日本との閣僚、省レベルの往来を停止したほか、航空路線増便の交渉中止、石炭関係会議の延期などの措置をとった。二十日には、中国本土で日本企業フジタの社員四人を「許可なく軍事管理区域を撮影した」として身柄を拘束。中国人船長を釈放しないと中国で働いている日本人をスパイとして拘束し、刑務所に送るぞ、と脅したのだ。さらに、レアアースの日本への輸出を事実上、禁止とした。

国益にかかわるならば、外国にいる自国民は、たとえ犯罪者であっても手段を選ばずに守ろうとするのが中国という国である。しかし、これは独立国家ならばある意味では当然の振る舞いで、綺麗ごとだけいって自国民を助けようとしない日本政府のほうが異常なのだ。

あくまで中立を保とうとしたオバマ民主党政権

しかも、このとき同盟国アメリカは、この日本と中国との対立事件に関して中立を保とうとした。当時のアメリカはバラク・オバマ大統領率いる民主党政権で、経済的に台頭する中国との連携を重視するようになっていた。

中国側も自らの経済的発展に自信を抱き、米中両国が結託し、太平洋を分割しようという話をアメリカに持ち掛けていた。二〇〇七年五月にティモシー・キーティングという米海軍の太平洋軍司令官が中国に行った際、太平洋をアメリカと中国で分割しようという話が中国側から出された、と連邦議会で証言している。

当時はアメリカの経済界も数百人規模の経済使節団を中国に送り、中国でのビジネスを懸命に拡大していた。中国側も、大手企業が相次いでアメリカの株式市場に上場し、金融面での米中関係も飛躍的に拡大していた。かくして、これからの国際社会はＧ２（Group of Two：米中二極体制）になっていく、とまことしやかに語られるようになっていたのだ。

この米中による太平洋分割案はやがて、「米中による日本搾取案」というかたちに発展していく。これは、アメリカの国務省関係者のあいだで話題になっていた対日搾取構想で、具体的には、三菱ＵＦＪ銀行（当時は三菱東京ＵＦＪ銀行）やみずほ銀行というメガバンクの株をアメリカと中国で買って、金融面で日本を支配するというものだ。

実際に二〇〇八年九月のリーマン・ショック以降、日本の株価は下落に次ぐ下落で、日経平均は一時期、六〇〇〇円台にまで急落した。そこで日本企業の株を中国やアメリカが購入し、金融面で「日本買い」を行なう。中国は賢い国だ。日本を軍事的に支配するなど面倒なことはせず、金融と経済を握ってよく働く日本人を安い給料で働かせ、その上前をはねる心づもりであったのだろう。

しかも、このとき日本は宣伝戦でも負けていた。

当時、中国はアメリカで「尖閣諸島は中国のものだ」とする立場から、「尖閣諸島で日本側が先に中国側を挑発した」とする宣伝戦を繰り広げていた。その当時、私はある米軍関係者からこういわれたことを覚えている。

「なぜ日本は中国を挑発するのだ？　尖閣事件は日本に非がある」

「えっ？」と思って「尖閣衝突事件は、中国漁船の違法操業取り締まりのために日本の海上保安庁が動いただけで、挑発したのは中国側ですよ」と反論した。すると、こう返された。

「ならば、どうして日本政府は映像ビデオをすぐに公開しないのか。日本にとって都合の悪い部分があるから、映像を非公開にしているのではないか」

アメリカ側が誤解するのも無理はないと思った。当時の菅政権が事件の真相を隠蔽しようとしていた以上、アメリカ側にそう認識されてもやむをえない。

日本人の大半は、日米安保条約があるから、いざとなればアメリカは無条件で日本の立場に立ってくれると思っているかもしれないが、とんでもない誤解である。アメリカ政府が日本側に立ってくれるのは、日本側がアメリカにおいて日本の立場を必死に宣伝し、アメリカの世論が日本に同情的になった場合にかぎられるのだ。

ユーチューブに動画をアップした海上保安官の覚悟

「このままでは中国側の宣伝が国際社会に行き渡ってしまう。尖閣諸島沖でほんとうは何があったか、真相を明らかにせよ」

下野していた自民党などが激しく政府を追及した結果、十一月一日、漁船衝突時の動画が衆参予算委員会所属の一部の国会議員に対してのみ限定公開された。この動画を見た政治家の一人は「じつは日本の海上保安庁にも落ち度があると思っていたが、あれはどう考えても中国側に非がある」との感想を漏らした。

しかし、限定公開では一般国民に伝わらないし、国際社会に対してもインパクトがない。結局、尖閣諸島沖で中国漁船が日本の巡視船に衝突してきたことが広く知れ渡ったのは、十一月四日、ハンドルネーム「sengoku38」こと、海上保安官の一色正春氏が漁船衝突時に撮影されていた四十四分間の動画をユーチューブにアップしてからだった。

一色氏が職を賭して事件の真実を伝える動画を世に出してくれたおかげで、世界に「尖閣問題は中国が仕掛けた」という認識が広まった。現在、尖閣問題でアメリカ政府が日本の立場に立ってくれているのも、ある意味で一色氏のおかげといえよう。

この尖閣事件は、日本に大きな教訓を残した。

第一に、尖閣諸島をめぐる日中対立で、中国側はいざとなれば、中国でビジネスをしている日本人をスパイ容疑で逮捕したり、レアアースといった重要物資を禁輸したりといった報復措置を容赦なくとる、ということだ。それに対して日本も中国の報復措置への対抗手段をもたなければ、中国在住の日本人たちの身の安全を保障できなくなるだけでなく、外交上、中国に負け続けることになる。

第二に、中国は米中による太平洋分割構想をもっていて、日本を含む太平洋地域を自らの影響下に置こうとしているということだ。親中派のオバマ民主党政権はこの動きに呼応しようとしていた。

ただし、アメリカも一枚岩ではない。当時、野党であった共和党だけでなく、民主党にも対中強硬派の政治家がいるし、米軍は中国の軍事的台頭に対して強い警戒心を抱いている。あるいはアジア太平洋諸国のなかにも、中国の台頭に警戒心を抱く政治勢力が存在する。

こうしたアメリカおよびアジア太平洋諸国の対中強硬派との連携を強めていかねば、日本を含む太平洋は「中国の海」になりかねない。日本はアメリカに従うのではなく、アメリカを牽引《けんいん》する対外政策を打ち出さねばならない。

第三に、アメリカを中心とした国際社会では、激しい宣伝戦が繰り広げられているということだ。日米安保条約があっても、日本側がきちんと対外広報、宣伝を行なわねば、アメリカ政府が日本の立場を擁護してくれるとはかぎらない。

つまり、アメリカを日本の味方に引き戻しつつ、アジア諸国も日本の仲間に取り込んでいくような国家戦略を打ち立て、実行せねばならない、ということだ。要は、民主党から政権を取り戻す、という次元の話では済まなくなったのである。

今世紀に入ってなお存在した日本政治の致命的欠陥

翌二〇一一年三月十一日、東日本大震災が発生し、日本はさらに未曾有の事態に陥った。

菅政権の末期にあたる二〇一二年四月には、日本経済団体連合会が「グローバルＪＡＰＡＮ〜

2050年シミュレーションと総合戦略」という近未来予測レポートを出した。そこには、このままでは二〇五〇年の日本のGDP（国内総生産）規模は中国・アメリカの六分の一、インドの三分の一以下になり、存在感が著しく低下する。G7メンバーから外れ、先進国から脱落する恐れがあると書かれていた。

こうした危機的状況にどうやって立ち向かえばよいのか。「創生日本」の議論は続き、二〇一二年秋、『新しい「日本の朝」へ』（中間報告・素案）という政策集が作成された。国際情勢に関しては、中国を議論の中心に据えた。

〈隣国・中国の軍事的台頭による日本周辺の軍事的・外交的環境の激変。この現実を前に、日本が何らの対応もなし得なければ、日本は独立の国家たり得ないだけでなく、「誇りある国家」として存続し得ない〉

まずは日米同盟を「現代化」していく。すなわち集団的自衛権の容認、日米戦略協議の開始、西太平洋の安全のための日米共同訓練の強化によって、日本が「頼りになる同盟国」としての役割を果たすことで、アジア太平洋における日米同盟を変えていく。加えて、日米にオーストラリアとインドも交えた四カ国による軍事連携ネットワークをつくり、自由と民主主義を守り、繁栄していくインド太平洋地域を築いていくことをめざす——。

しかし、こうした大胆な対外戦略を実行するためには、これまでのような省庁縦割り行政、お役所的な外務省外交を大胆に変えなければならなかった。なぜか。

北朝鮮が二〇〇六年の国連安保理決議に違反し、ミサイル実験を繰り返したときのことだ。この問題の対応で日米両国での協議に参加した方から、アメリカのホワイトハウスの高官がこう語った、と聞いたことがある。

「北朝鮮のミサイル実験は許し難い。そこでアメリカ政府としては、第七艦隊を東シナ海に動かし、爆撃機を金正日《キムジョンイル》の所在地に飛ばして、いつでも爆撃可能であることを示すとともに、金正日関係の海外秘密口座を差し押さえた」

対して、日本の外務省高官はこう述べたという。

「日本としては、中国政府経由で北朝鮮に対して遺憾の意を伝えるとともに、国連安保理に対して非難決議を出すように働きかけたい」

この対比を聞いた私は、話をしてくれた方に「結局、日本は遺憾の意を示すだけということですか」と尋ねたところ、こういわれた。

「日本もアメリカのように北朝鮮に対して軍事的圧力を加えたい。しかし、日本は憲法の制約があって、自衛隊が海外で武力行使をすることは制限されている。そもそも専守防衛で、北朝鮮まで飛んでいって爆撃を実施する爆撃機を日本はもっていない」

「海上自衛隊の護衛艦を北朝鮮の領海近くまで航行させるようなことはできないのですか」

「外務省には、自衛隊についてあれこれと指示できる権限がない。そもそも、防衛省・自衛隊とこの問題で話し合ったこともほとんどない」

「では、せめて金正日の海外口座を差し押さえるくらいはできないのですか」

「それは財務省の所管であって、外務省があれこれと指図できるわけではない」

「……それはほんとうに大変ですね」

つまり日本では、外交と軍事、外交と経済・金融、外交とインテリジェンスが結びついておらず、仕組みとしてアメリカのような強烈な対抗手段を打ち出せないのだ。

アメリカでは国務省が外交を所管しているものの、対外政策全般は、大統領率いるホワイトハウス主導で決定している。より正確にいえば、国家安全保障会議（United States National Security Council：NSC）が、アメリカの国家安全保障と外交政策を取り仕切っている。

NSCの議長は大統領。定期的な出席者は、副大統領、国務長官、財務長官、国防長官、エネルギー長官、司法長官、国土安全保障長官、国連アメリカ合衆国代表、アメリカ合衆国国際開発庁長官、大統領首席補佐官、国家安全保障問題担当大統領補佐官だ。軍の統合参謀本部議長は軍事顧問、国家情報長官はインテリジェンス顧問である。

これ以外にも、国土安全保障、世界の公衆衛生、国際経済など、多くの重要な国家安全保障問題の分野横断的な性質に対処するため、必要に応じてNSCの会議に出席するように招待されている。

アメリカで国家安全保障会議が創設されたのは、ソ連との冷戦が始まった一九四七年のことだ。当時のソ連率いる共産陣営の脅威は、政治、軍事だけでなく、経済、文化など広範囲に及んだため、外交だけでなく、軍事、経済・金融、そしてインテリジェンス部門を統合した総合的な国家安全保障戦略を策定し、実行することが求められたのである。

このNSCこそが、外交、インテリジェンス、軍事、経済の四つを中心としたアメリカの国家安全保障について、関係閣僚間での意思決定を行なうための協議機関であり、大統領の指示のもと、連邦政府全体での政策を調整している。

対する日本は二〇〇〇年代に入ってなお、外務大臣の指示を受けて外務省しか動かせない外交官が、外務省が所管する事項についてのみ、対外政策を打ち出すという仕組みであった。日本の政治の仕組みに欠陥があることは明らかだった。

省庁縦割りの外務省単独の外交から官邸主導の総合的な対外政策へと日本の仕組みを変えるためにも、日本版NSC（国家安全保障会議）を創設せねばならない。こうした議論を国際政治、安全保障の専門家たちはかなり以前から行なっていた。

だが、従来の仕組みを変えるためには多大なエネルギーが求められる。そこでは〈次の五十年、百年の時代の荒波に耐えうる新たな国家像を描いてい〉こうという気概をもった政治指導者が必要なのだ。

日本版NSCの創設で、日米関係は劇的に変化した

二〇一二年十二月、第二次安倍政権が発足すると、翌二〇一三年の通常国会に日本版NSCに関する法案を提出し、その年の十二月、日本版NSCが創設された。

日本版NSCは首相が議長を務め、内閣官房長官、外務大臣、防衛大臣が中核メンバーとなり、総務大臣、財務大臣、経済産業大臣、国土交通大臣および国家公安委員会委員長らも随時参加し、「国防の基本方針」や「防衛計画の大綱」「国家安全保障に関する外交政策」などを決定することになった。

さらに、総合的な国家安全保障政策を策定するに際して、恒常的な事務局として日本版NSCのもとで、国家安全保障局（NSS）も併せて創設された。

安全保障という言葉を聞いたとき、日本ではまだ防衛省、外務省の所管であるかのようなイメージをもつ人が少なくない。実際には、金融・財政であれば財務省、通商・経済であれば経済産業省、通信・サイバーであれば総務省、海上保安庁と空港・港湾であれば国土交通省と、さまざまな省庁が関係する。

この関係省庁が総理大臣主導のもと、一堂に会して国家安全保障について定期的に会議を行ない、DIMEに基づく「国家安全保障戦略」を策定・推進するかたちへと、日本政治の仕組みが変わったのである。

じつは意外かもしれないが、こうした国家安全保障戦略は戦前も策定されていなかった。日露戦争後に軍主導で「帝国国防方針」が策定されたが、これは軍事戦略だけで、外交や経済は含まれていなかったのだ。その影響もあって、日露戦争後、軍は政府、外務省、そして大蔵省（当時）などとの十分な協議を踏まえないまま軍拡と戦争（事変）を行なうようになり、結果的に敗戦へと至った。

そうした戦前の反省や失敗を踏まえ、戦前の政治体制を「復古」するのではなく、現在に即した政治の仕組みを構築することこそ、真の意味での「戦後レジーム」からの脱却なのだ。

この日本版NSCが、日米関係の根本を変えた。第二次安倍政権までの日本はある意味で、アメリカの国家戦略に従う国だった。前述したように、一九四五年当時の「降伏後に於ける米国初期の対日方針」に示された〈米国の目的を支持すべき、平和的かつ責任ある政府を、究極において確立すること〉という、アメリカの国家戦略を支持する日本政府という戦後の日米関係のあり方が続いてきたのだ。

そこから自前の国家安全保障戦略を策定し、推進する国へと政治を根幹から変えようとしたことは、まさに劇的ともいえる変化であった。

戦後初の国家戦略をアップデートした岸田政権

この自前の国家安全保障戦略に基づいて、第二次安倍政権は何をやったのか。

二〇一四年十二月、特定秘密保護法が施行された。特定秘密保護法を定めることにより、アメリカや他の国々の軍とのあいだでインテリジェンス、軍事機密のやりとりを可能にしたのである。

ある意味で特定秘密保護法は、占領期間中に廃止されたインテリジェンス、スパイ取り締まりの法体系の再建を意味していた。つまり、「独立国家の学問」に基づく法整備であったのだ。

次に手掛けたのが、二〇一六年三月に施行された平和安全法制。こちらはご存じのように、集団的自衛権の行使を一部可能にするものだ。アメリカ以外の国の軍隊とも一緒に動くことができるようになるという点で、画期的なものだった。当時は左派系メディアを中心に反対の論陣が張られたが、その本質を突いた議論はほぼ見受けられなかった。これまでの日本は、自国が攻撃を受けたときだけ武力を使うという個別的自衛権にこだわってきた。そこから一歩を踏み出したという意味で、歴史に残る政治判断だろう。

そして、三番目が、ＴＰＰ（環太平洋パートナーシップ協定）である。このＴＰＰを日本が主導することで、自由主義陣営によって構築された経済ネットワークの設立をめざした。ＴＰＰはトランプ政権になってアメリカが離脱を表明するというネガティブサプライズがあったが、それでも日本が他に参加を表明した国をまとめあげ、二〇一八年にメキシコ、シンガポール、ニュージーランド、カナダ、オーストラリアとのあいだで発効に至った。

このＴＰＰは、日本が国際秩序をつくる側のリーダーであることを、内外に明確に示すことになった。

さらには特定秘密保護法が制定されたことを受けて、日本はアメリカ以外の国とも物品役務相互提供協定（ACSA）を結んでいくことになる。これはつまり、軍同士が武器・弾薬、燃料や労務サービスを提供し合うようにするということだ。たとえば、日本の戦闘機にオーストラリア軍の兵士が乗れるようになる、護衛艦「いずも」にアメリカ軍機が発着できるようになる、などである。

ACSAはオーストラリア、イギリス、フランス、カナダ、インドとも締結されたが、これはつまり、日本の仲間が急増した、ということだ。アメリカだけに頼る日本ではなくなりつつある。あるいは、インド太平洋諸国に対しても、「能力構築支援」と称して戦前でいえば軍事顧問団というかたちで、カンボジア、フィリピン、ラオス、インド、インドネシア、マレーシア、タイなどの軍隊に自衛官を派遣している。

つまりはTPPを背景に、ASEAN、インド太平洋諸国に対して軍事支援を実施し、外交関係だけでなく、経済的・軍事的関係を強化する。これが「自由で開かれたインド太平洋（FOIP）」構想の実態なのだ。

日本がアメリカに従属するだけで自分の国のことしか考えない国家から、インド太平洋諸国を牽引し、アメリカを引き込む独立国家へと変わったからこそ、トランプ大統領は安倍総理のことを重視したし、政権交代が起こっても、ジョー・バイデン政権は日本のことを引き続き重視せざるをえなくなった。

二〇二二年末、岸田文雄政権は「国家安全保障戦略」「防衛計画の大綱（防衛大綱）」「中期防衛力整備計画（中期防）」という、いわゆる「安保三文書」を改定した。メディアは「反撃能力」の保有や防衛費の倍増の是非にばかりスポットライトを当てたが、この改定自体は十年前から約束されていた。

先に述べたように、二〇一三年、第二次安倍政権は、明治の憲政以降、初めて日本独自の国家安全保障戦略を策定した。この時点で、実効期間は約十年と設定された。岸田政権はそれに則《のっと》って国家戦略をアップデートしたのだ。

防衛費倍増の理由は明らかだろう。一部野党やメディアがいうように、軍国主義化するためでもないし、アメリカのいいなりになるわけでもない。ただし、日本は国民の生活を犠牲にしてまで防衛費をかさあげすることはできない。だからこそ、日本経済そのものが強くなければならないのだ。

逆に経済が低迷すれば、すべてが絵に描いた餅になってしまう。民間活力によって経済成長を続け、増額分はできるだけ増税に頼らず、税収増によって賄うのが理想的である。

繰り返そう。第二次安倍政権の前後で、国際社会における日本の立ち位置はまったく異なるものになった。しかし、肝心の国民の側がそれを理解しなければ、いつか日本はまたアメリカに従う国に戻ってしまうだろう。自由と独立は自ら勝ちとるものだ。与えてもらうものではない。

第4章

たった十年で劇的に変化した日米同盟

日本を取り巻く安全保障環境に起こった四つの激変

前章では、日本の立ち位置がこのわずか十年という期間で様変わりしたことを述べた。これは、日本が「自主独立」をめざし、さまざまな課題を乗り越えてきた結果である。

他方でそれは、アメリカが日本のことを頼りになるパートナーと見なし、そこで日米関係、とりわけ日米同盟のあり方が大きく変化したことも意味している。

しかし残念なことに我が国では、日米同盟といったとき、いまだに「従米か、それとも反米か」という、非常に視野の狭い議論からレベルが進歩していない。偏向したメディアの影響はもちろんだが、そもそもメディアの勉強が著しく足りていない。

そこで本章では、アメリカという国の近年の変化や激動する国際情勢も踏まえながら、日米同盟の現在地を描き出してみよう。

外務省が発行している『外交』という外交専門誌がある。二〇二二年一月に刊行された第七一号に、興味深い論文が掲載された。

タイトルは「日本が直面する安全保障環境と戦略見直しの諸課題」。執筆者はハドソン研究所の村野将《まさし》研究員だ。

ハドソン研究所はアメリカの共和党系の有力な非営利シンクタンクで、第二次安倍政権はアメリカとのパイプをつくる際にこのシンクタンクを重視した。ハドソン研究所で日米の安全保障論議を牽引している一人が、軍事関係に明るく、情報分析や政策立案のプロである村野氏である。同論文は、現在進行形の国際情勢だけではなく、遠く十年後までを見据えた提案を行なっている。それによれば、日本を取り巻く目下の安全保障環境は激変しているという。以下の四点がその理由だ。

①拡大する米中対立
②もはや米軍は世界最強ではない
③三つの核武装国と接する日本
④アメリカの国防予算は実質減少へ

これらを概観することは、そのまま、日本の国家安全保障戦略がいかなる情勢認識に立つべきなのかを基礎から知ることにつながる。村野論文の論点を一つずつ解説していこう。

激変する安全保障環境① 拡大する米中対立

今日の米中対立には、二つの側面があるという。

一つ目は、競争分野の拡大である。米ソによる東西冷戦時代は、ほぼ軍拡だけが競争の中心だった。

しかし、米中は軍事だけで競っているわけではない。経済や先端技術、個人情報やＤＮＡを含めたビッグデータの管理なども争点である。いかに国際社会のルールを形成し、主導権を握れるかがポイントになっている。

さらには、自由、民主主義、法施行のあり方などもまったく違う。たとえば罪を犯しても、中国は共産党幹部なら免罪され、庶民だけが罰せられる。一方でアメリカは「法の下の平等」を標《ひょう》榜《ぼう》し、権力者であっても同じ法に服すべきという考え方に立つ。「人権」に対する価値観やイデオロギーにおいても、両者は対立を深めている。

そこでは、アジア、アフリカ、中東などの支持を、アメリカを中心とする自由主義陣営が得るのか、それとも中国が得るのかという戦いが繰り広げられているのだ。

留意すべきはこの戦いで、現状では一帯一路構想（中国の習近平国家主席が二〇一三年に提唱し、現在進行形で進む中国主導の巨大経済圏構想）の実現を推進している中国が優位に立っていることである。

たとえば二〇二一年十月、新疆《しんきょう》ウイグル自治区の人権侵害問題に関し、アメリカ、日本、フランスなど四三カ国は、国連で中国を非難する共同声明を発表した。ところがそれに対し、キューバなど六三カ国が中国を擁護する共同声明を発表。アメリカなどの発言を「内政干渉」だと非難したのだ。数のうえでは、中国に与《くみ》する国のほうが圧倒的に多い。

ちなみにこの人権問題について、アジアでアメリカに同調した国は日本だけだった。

二つ目の側面は、軍事安全保障にかかわる競争・戦闘領域の拡大だ。伝統的な陸・海・空に加え、宇宙、サイバー、電磁波などの新領域でも攻防が続いている。しかも、これらは戦時ではなく平時から、つまり、いまこの瞬間にも展開されていることに特徴がある。やはりここでも、重要なのはいかに主導権を握るのかということで、それが陸・海・空での軍事作戦の成否を大きく左右する。

とりわけ激しさを増しているのが、通信や衛星の分野だ。この領域で勝つためには、研究開発の促進とビジネス化、収益化とともに、先端技術の流出の阻止が欠かせない。これらを制することで、初めて勝者になれるのである。

激変する安全保障環境②　もはや米軍は世界最強ではない

米軍といえば世界最強の軍隊のように思われがちだが、じつはそうでもない。村野氏は以下のように記している。

〈特に中国は、米国が約二〇年もの間中東での対テロ戦争に気を取られているうちに、有事の際に米軍の介入を阻止するための能力を着実かつ急速に蓄えてきた。中でもミサイル戦力の増強ペースは、多くの専門家を驚かせている。例えば、グアムを射程に収めるDF-26中距離弾道ミサイル（IRBM）のランチャー数は、一八～一九年のたった一年間で八〇両から二〇〇両へと二倍以上に増加した。また、日本を射程に収める準中距離弾道ミサイル（MRBM）については、二〇年までにランチャー二五〇両、ミサイル本体六〇〇基が配備・備蓄されていることが明らかとなった。しかも二〇年に増産されたMRBMの多くは、DF-17と呼ばれる極超音速滑空兵器だとみられる。二一年の時点で、DF-17が即時投入可能なMRBMの約四割を占めていると仮定すると、二〇年代後半にはさらに増勢が進んで、南西諸島はもとより西日本の主要な自衛隊・在日米軍基地の大半が開戦と同時に一気に無力化されてしま

うという状況も現実味を帯びてきている〉

中国の中距離弾道ミサイルは、日本だけではなく、すでにアメリカの領土も射程に入れているということだ。しかもアメリカは、その対抗手段をもっていない。一九八七年、ソ連と中距離核戦力（ＩＮＦ）全廃条約を締結し、文字どおり中距離弾道ミサイルを廃棄していたからである。しかも近年のアメリカは「テロとの戦い」のほうが懸案で、対中国の装備はほとんど手つかずだった。その隙を突いて中国は中距離弾道ミサイルの配備を拡充し、優位に立とうとしたのだ。

そこで二〇一九年、トランプ政権はＩＮＦ全廃条約を破棄し、慌てて中距離弾道ミサイルの開発を始めた。劣勢を挽回《ばんかい》しようと必死なのである。

もちろん日本にとっても対岸の火事ではない。だからこそ岸田政権は二〇二二年十二月、新たな国家安全保障戦略を含む三文書を閣議決定し、反撃能力を保持することを決断し、バイデン政権もこの決断を歓迎した。

米中両軍の戦力をざっと比較してみよう。

中国の地上発射型弾道ミサイルの数は六〇〇基に達している。その一方、アメリカはゼロだ。

大陸間弾道ミサイル（ＩＣＢＭ）や潜水艦発射弾道ミサイル（ＳＬＢＭ）はもっているので、厳密にいえば反撃能力はゼロではない。

だが、中国のＤＦ－21という核弾頭が搭載可能な準中距離弾道ミサイルには、いまのアメリカの迎撃システムは対応できないといわれている。

通常兵力にも差がある。令和四年版『防衛白書』によれば、在日米軍の陸上兵力は二万人で作戦機は一五〇機、第七艦隊の艦船は三〇隻で作戦機は五〇機、また、自衛隊の陸上兵力は一四万人で作戦機は三五〇機。それに対して中国は一〇〇万人の兵力を擁し、七五〇隻の艦船と三〇三〇機の作戦機をもつ。日米のおよそ七～八倍の兵力だ。個別能力では米軍のほうが圧倒的に上だが、兵力だけで見れば中国軍が圧倒している。

さらに中国は優位性を確保すべく、日本海、朝鮮半島、東シナ海、南シナ海、太平洋での軍事的な活動を活発化させている。昨今の習近平政権の強気の原因はここにある。逆に日本から見れば、ここ七～八年で戦略環境が急速に悪化しているということだ。

先述のとおり、トランプ政権は中露という大国との戦いを見据え、ＩＮＦ全廃条約を破棄し、ミサイルの拡充に踏み切った。軍艦や潜水艦の開発・増産の予算もつけた。ところがいまのアメリカは、その予算を十分に執行できていない。製造業全体が生産拠点を中国など海外に移した結果、軍艦や戦闘機などの製造能力が大幅に低下してしまったからだ。

人員の面でも数を減らしている。同じく『防衛白書』によれば、アメリカは六方面軍を展開中で、その総勢は一三三万人。一九八七年の東西冷戦時には二一七万人だったので、大軍縮をしたことになる。ソ連という強敵がいなくなったことと、兵器のハイテク化が主な要因だ。限られた予算のなかで装備にお金がかかるようになったぶん、人員を減らすしかなかったという問題でもある。

そのうち、アジア太平洋方面については一二万九〇〇〇人。冷戦期は一八万四〇〇〇人だったので、やはり三分の二ほどに減っている。ちなみにヨーロッパ正面は、冷戦期の三五万四〇〇〇人から現在の六万四〇〇〇人へ、大幅に減少させている。

兵力を減らしたとはいえ、これでも米軍は、アジア太平洋方面重視、つまり対中国シフトを敷いているのだ。

だから昨今のウクライナ問題にしても、アメリカとしてはＮＡＴＯ（北大西洋条約機構）、とくにドイツやポーランドなどに任せるしかないのが現状だ。少なくとも、アジアの兵力の一部をヨーロッパに差し向ける選択肢はない。ますます中国の抑えが効かなくなるからである。これが、現在のアメリカの基本的な構造といえる。

激変する安全保障環境③ 三つの核武装国と接する日本

三つ目の変化は、核兵器をめぐる問題だ。論文は以下のように述べる。

〈「核なき世界」を掲げたオバマ政権は、米国が率先して安全保障における核の役割を減らしていくことで、他国もそれに追随して世界がより安全になっていくことを期待していた。しかしその後の十数年間で、世界は真逆の方向に進んだ。ロシアは、西側諸国との軍備管理上の約束をことごとく破り、一四年には核による脅しをもちらつかせてクリミアを併合した。台湾への圧力を強める中国は、核戦力の備蓄・配備状況や運用の実態に透明性がなく、二一年には公開情報分析によって、二〇〇ヵ所以上のICBM発射施設を新設していることが発見された。(中略)北朝鮮の非核化は全く進んでいないどころか、ミサイル戦力のさらなる多様化に突き進み、連日発射実験を繰り返している。(中略)

米国とその同盟国は史上初めて、現状変更を意図する三つの核武装国を同時に抑止しなければならない状況に置かれている〉

東西冷戦時、核兵器の面での脅威はソ連だけだった。

ところが、いまや日本周辺にはその脅威が三カ国も存在する。興味深いのは、外務省が発行する外交専門誌である『外交』が、オバマ政権の核軍縮政策を公然と批判していることだ。端的にいえば、オバマのせいで中国もロシアも北朝鮮も図に乗って核を強化した、と指摘しているのである。

ちなみに『外交』は、トランプ政権が登場した際には、「これからのアメリカは危うくなる」と懸念を表明する論文を掲載した。オバマ政権が培ってきた国際協調や核軍縮の理念が消えるのではないか、と危ぶんだのだ。だが、ここ数年の環境変化により、外務省も論調を変えざるをえなくなったのだろう。

とりわけ危険なのは、頻繁にミサイル発射を繰り返す北朝鮮だ。『防衛白書』によれば、北朝鮮の弾道ミサイルのスカッドは日本領土の一部が射程に入り、ノドンは全域が入る。さらにテポドンの場合は、アジアどころかロンドン、パリ、サンフランシスコ、キャンベラなども射程に入っている。

つまりいまや、ヨーロッパもアメリカもオセアニアも北朝鮮の攻撃の対象になっている。いつの間にか北朝鮮は、ミサイル大国になってしまっているのだ。

言い換えるなら、北朝鮮のミサイル技術の向上は、ある意味では地球を一つにしたということだ。もはや、アジアは危険でヨーロッパは安全とはいえない。どの地域も同様に危険なのである。

だからこそ、日米にヨーロッパも加えた自由主義圏は協調しながら対処する必要があるし、実際にそうなりつつある。昨今、自衛隊は米軍のみならず、イギリス、カナダ、オランダ、ニュージーランドなどの海軍との共同演習を活発に行なっている。これは、日本有事の際に各国軍が救援に来てくれるという意味ではない。それぞれの国が、〝自分ごと〟として参加しているのだ。残念ながらその危機意識を、いまだに日本の世論だけはあまり共有していないように思える。

もう一つ、対北朝鮮についてきわめて重要なのは、技術流出を防ぐことだ。北朝鮮が短期間のうちにミサイル技術をこれだけ高めることができたのは、日本、アメリカ、イギリスからなんらかの方法で技術を盗み出したからである。これ以上技術を流出させないためには、やはり各国と連携して対処する必要がある。

もちろん、中国とロシアに対しても警戒が必要だ。昨今、両国は以前にも増して接近し、共同で軍事訓練などを行なっている。しかも、ロシアは日本海を自分たちの海だと主張しはじめている。そのロジックで仮に行動を起こされたとしても、日本は爆撃機などをもっていないため、十分に対抗ができない。

いずれにせよ、日本の安全保障環境はここ数年で急速に悪化しつつある。このために、我が国でも核兵器をめぐる議論が巻き起こりつつある。

日本には一九六七年十二月に佐藤栄作総理が表明した「非核三原則」が存在する。核兵器を「持たず、つくらず、持ち込ませず」というこの「非核三原則」の観点から、長らく日本で「核兵器」についての議論はタブー視されてきた。

だが、この「非核三原則」が事実上、「非核二・五原則」に変更されていることは意外と知られていない。政府見解を変えたのは、じつは民主党政権のときである。

二〇一〇年、岡田克也外務大臣（当時）が「緊急事態が発生し、核の一時的寄港ということを認めないと日本の安全が守れないというような事態がもし発生したとすれば、そのときの政権が政権の命運をかけて決断し、国民に説明する」（衆院外務委員会、同年三月十七日）という趣旨の答弁をした。

要は、いざとなれば日本国内への核兵器の持ち込みを容認すると示唆したのだ。

この「岡田見解」を、岸田政権も引き継いでいる。

岸田総理は二〇二二年三月七日、参院予算委員会でこう答弁した。

「二〇一〇年の当時の岡田外務大臣のこの（中略）答弁について岸田内閣においても引き継いでいるというのが立場であります」

つまり、与野党のあいだでは「非核二・五原則」に変更することへの合意が成立しているといってよい。

問題は、この政策変更が現行の国家安全保障戦略に反映されていないことだ。岡田見解を国家戦略に反映させるためには、最低でも以下の作業が必要となる。

第一に、「緊急事態が発生し、核の一時的寄港ということを認めないと日本の安全が守れないというような事態」とは、どのような事態を指すのか、政府見解のとりまとめが必要である。

第二に、そもそもアメリカは、そうした事態になったときに日本に核兵器を持ち込むのか。日本が望んだとしても、アメリカ側がそうするとはかぎらない。

じつは、アメリカでは国防総省が「核態勢の見直し（Nuclear Posture Review）」という核戦略を策定している。この核戦略を日本の防衛省も邦訳し、その概要を政府・与党に報告しているが、アメリカの核戦略の問題点を日本の立場から分析・研究することは事実上、禁じられている。防衛省が核戦略について研究している、とマスコミから批判されることを恐れているからだ。

しかし、いざというとき、核持ち込みを容認する政策を採用するなら、あらかじめアメリカ側と協議しておく必要がある。そしてアメリカの核戦略について徹底的に分析し、日本なりの核戦略を策定しておかなければ、実りある協議が成り立つはずもない。

核の恫喝から日本をいかに守るのか。岸田総理は国家安全保障局、防衛省などに対してアメリカの核戦略を徹底的に分析し、日本側の見解案をつくるように指示すべきだろう。

激変する安全保障環境④ アメリカの国防予算は実質減少へ

アメリカが防衛にかけられるヒト・モノ・カネのリソースは、縮小傾向にある。これが四つ目の変化であり、村野氏は以下のように述べている。

〈一八年一一月の時点で、米国の国防戦略委員会は、中国・ロシアと競争しながら、朝鮮半島やイラン、中東、米国本土へのテロ攻撃などに対処するには、本来八〇〇〇億ドル規模の国防予算が必要だとした上で、不足が補われない場合には、台湾、南シナ海、バルト諸国を想定した戦争において、米軍は敗北する可能性があると警告していた。しかし、FY二〇二二（会計年度）の国防予算は約七七八〇億ドルにとどまっており、不足は解消されていない〉

トランプ政権はアメリカの国防予算を一気に増やしたが、そのあとを継いだバイデン政権は伸び率を落としている。国防よりも気候変動対策を優先しているからだ。

ただし、それでも国防予算は日本円にして年間九〇兆円以上。一方で、日本は岸田政権が防衛費の増額に踏み切ったが、それでも五年間で四三兆円と、アメリカの一年の国防費のわずか半分にも満たない。

だからこそアメリカ政府は、トランプ政権もバイデン政権も、日本に対して国防予算の増額を再三、要請してきた。アメリカも増やしてはいるが、足りない部分は日本をはじめとする同盟国で穴埋めしてほしい、と切望しているのだ。

日本の一般的な論調は相変わらず表層的だ。「日本がアメリカの先兵になってしまう」「アメリカの軍産複合体を儲けさせるだけ」「アメリカのいいなりになる必要はない」などの批判が少なくない。

彼我の危機感に大いなる温度差があることを、まず認めるべきだろう。

いずれ国民が覚悟を決めるときがやってくる

こうした状況下、日本はどう動くべきか。村野氏は大きく四つの方向性を挙げている。

第一の方向性は、国家安全保障戦略を見直すこと。もちろん、日本も予算は限られている。それをどう配分するのか、危険な三カ国を抑止するには何がもっとも有効か、優先順位をつけなければならない。

第二の方向性は、「自由で開かれたインド太平洋」構想を発展させること。この構想の実現には、アジアや中東を自由主義陣営の味方につけることが不可欠となる。つまり、彼らが中国側に与することのないよう、アメリカや日本と組んだほうが得だと示す必要があるのだ。

それは、先に述べた中国の一帯一路政策と真っ向から対立することを意味している。その対立が、やがて直接的な緊張状態に発展することもありえる。たとえば尖閣諸島に武装難民が上陸し、それを追い出すために自衛隊が出動しようとしたとする。それに対し、中国は沖縄を攻撃する構えを見せて脅してくるかもしれない。

そのとき、日本はそれでも尖閣諸島の奪還をめざすのか、それとも沖縄の安全を考えて尖閣を手放すのか。あるいは中国との軍事的緊張関係がさらに進んだら、中国大陸に進出している日本企業が人質になる恐れもある。その場合にどうすればよいのか。

これは政府だけではなく、国民一人ひとりに突きつけられている問題だ。日本は民主主義の国なので、その総意が国家戦略になる。よって〈日本自身が譲ることのできない利益や価値観を戦略の中で自覚することが必要〉と村野氏は説く。

じつは、トランプ政権時のアメリカでは、中国に送り込んでいたＣＩＡ（米中央情報局）要員が数十人規模で音信不通になっているといわれている。それでもアメリカは、いまも諜報活動を続けている。アメリカの国益のために多少の犠牲はやむをえないと考えているからだ。これは国家としての優先順位の問題である。おそらくはやがて日本も、同じように覚悟を決めるときが来るだろう。

第三の方向性は、経済安全保障、とくに技術開発支援だ。村野氏は〈ＡＩや無人システム、量子技術などのゲームチェンジャーとなりうる民生技術の研究開発を促進し、自衛隊とその作戦構想に実装するまでを迅速化する取り組みも政府一体となって進める必要がある〉と指摘する。

技術は盗まれないことも重要だが、開発を進めて自衛隊や軍の装備に反映させることも大切だ。そのためには、民間企業が技術を製品化し、収益化できるようにすることが欠かせない。それによってヒト・モノ・カネが集まり、より高度な技術開発が可能になるという好循環が生まれる。

ただし、現在の防衛産業は規制がきわめて多い。したがってコストが高くなり、世界の自由主義陣営でなかなか販売が進まない。規制改革・規制緩和が急務だろう。

第四の方向性は、いわゆる敵基地反撃能力として長距離打撃能力をもつこと。これは有事に至った場合、できるだけ自国の損害を限定して、有利なかたちで終結させる方策の一つになりうる。村野氏は〈中国・北朝鮮のミサイル能力の増勢ペースに鑑みれば、もはやミサイル防衛と米国の抑止力だけに頼って日本を守ることは困難になった。（中略）日本には残存性に優れ、相手の防空網を確実に突破できる地上発射型の中距離弾道ミサイルが必要となる〉と述べている。

「2＋2」で登場した「現代化」というキーワード

この四つの方向性とはつまり、「ＤＩＭＥ」のすべてにおいてアップグレードが必要ということだ。やられたらやり返す能力をもたなければ、日本は有事を抑止することも、紛争を終息させることもできない。これは「軍国主義の復活」云々《うんぬん》といったレベルの議論ではなく、国家戦略の視点で考えるべき課題である。

繰り返すが、こうした危機感が日本には浸透していない。左派系は「戦争ができる国になる」と叩き、保守系は「アメリカのいいなり」と叩く。メディアも日本政府やアメリカ政府の動きを伝えないが、率直にいえば、知識や認識が足りないので議論に追いつけないのだ。

実際には、日米両政府ともさまざまな手を打っている。とりわけ大きな動きは、二〇二二年一月に開かれた日米の外務・防衛両大臣による日米安全保障協議委員会、通称「2＋2《ツープラスツー》」だ。日本側からは林芳正外務大臣と岸信夫防衛大臣、アメリカからはアントニー・ブリンケン国務長官とロイド・オースティン国防長官が出席した。

一部のメディアが注目したのは、在日米軍基地の兵士たちのコロナ問題だ。基地の感染拡大をどう抑えるかという話である。だが、これは一部分にすぎない。実際はもっと踏み込んだ議論が展開された。

その一つが、先にも触れた競争分野の拡大の話である。軍事面では陸・海・空だけではなく、サイバー攻撃や宇宙開発なども対象になるし、経済・通商や法の支配などの分野の競争も負けられない。

「2+2」後の共同発表では、以下のように述べている。

〈閣僚は、変化する安全保障上の課題に、パートナーと共に、国力のあらゆる手段、領域、あらゆる状況の事態を横断して、未だかつてなく統合された形で対応するため、戦略を完全に整合させ、共に目標を優先づけることによって、同盟を絶えず現代化し、共同の能力を強化する決意を表明した〉

ここでいう「パートナー」とは、オーストラリア、NATO、イギリス、フランス、ニュージーランドを指す。

注目すべきキーワードは「現代化」である。さらに以下のように続く。

〈閣僚は、地政学的な緊張、新型コロナウイルスのパンデミック、恣意的で威圧的な経済政策、そして気候危機により提起された喫緊の諸課題を認識し、ルールに基づく国際秩序や基本的な価値及び原則へのコミットメントを新たにした。

閣僚は、地域の戦略バランスを悪化させる急速かつ不透明な軍事力の増強に直面する中で、核兵器、弾道・巡航ミサイル及び極超音速兵器を含む先進兵器システムの大規模な開発や配備について、懸念を共有した。
閣僚はまた、サイバー、宇宙及びその他の領域において増加する悪意ある行動、並びに武力紛争に至らない、威圧的又は利己的な手段を通じた現状変更の試みの潮流について議論した〉（改行は筆者。以下同）

軍事、サイバー、宇宙とあらゆる領域での脅威が高まっている、こうした問題意識に基づいて、日米同盟を「現代化」させていくということだ。

すでに台湾有事における軍事共同作戦も承認済？

では、総力戦の敵はどこか。その点も、共同発表で明確に「中国」と名指ししている。

〈閣僚は、ルールに基づく秩序を損なう中国による現在進行中の取組は、地域及び世界に対する政治的、経済的、軍事的及び技術的な課題を提起するものであるとの懸念を表明した。

閣僚は、地域における安定を損なう行動を抑止し、必要であれば対処するために協力することを決意した〉

こうした表現は、第二次安倍政権でも見られなかった。せいぜい「地域における安定を損なう行動に対して留意する」と述べる程度だったが、ここでは、〈安定を損なう行動を抑止し、必要であれば対処するために協力する〉とまで踏み込んでいる。

二〇二一年末、日米が台湾有事における軍事共同作戦の計画を立案していたことを共同通信がスクープした。続くこの「2＋2」において、日米はその計画を内々に承認した、といわれている。

具体的には、長崎県の佐世保に司令部を置き、沖縄県の宮古島、与那国島《よなぐにじま》に米軍を配備し、状況に応じてどう動くのか、グアムやアンカレッジの基地とどう連携するのかなど、かなり総合的かつ詳細な計画だったらしい。

日本は長く集団的自衛権の行使を認めてこなかったため、こうした軍事共同作戦をつくることができなかった。裏を返せばいま、事態はそこまで逼迫《ひっぱく》しているということだ。ただし作戦計画というものは、状況の変化に応じて日々バージョンアップしなければならない。そこで共同発表では、以下のように続けている。

〈閣僚は、自由かつ適法な通商への支持、航行及び上空飛行の自由並びにその他の適法な海洋の利用を含む国際法の尊重を再確認した。
閣僚は、地域の平和と安定を損なう威圧的な行動に関するデータを収集・分析するための取組を通じたものを含め、情報共有の取組を強化する意図を共有した〉

要は、中国、北朝鮮、ロシアの行動に関するデータを収集し、分析し、それに対応できるための仕組みをつくるということだ。共同作戦計画を策定するだけではなく、インテリジェンス、つまり情報収集の仕組みも整えて臨機応変に中国に対応できる体制をつくる。日本ではほとんど報道されなかったが、これは、我が国の安全保障の歴史における大転換といえる。

そのうえで、共同発表ではパートナー国との連携についても言及している。ポイントは、日米同盟の枠を超え、他の自由主義国とこれまで以上に強く結びつくということだ。

〈閣僚は、自由で開かれたルールに基づく秩序を推進するという、日米豪印（クアッド）のメンバーである豪州及びインドとの2021年9月のコミットメントを新たにした。

閣僚は、画期的な日豪円滑化協定（RAA）の署名、昨年11月の日本による初めての豪州の艦船に対する武器等防護任務及びAUKUS（筆者注：米英豪安全保障協力）パートナーシップによって示された、日米それぞれの豪州との安全保障・防衛協力を支持した。

閣僚は、英国、フランス、ドイツ及びオランダそしてEU及びNATOを通じたものも含めた、欧州のパートナーや同盟国による、インド太平洋における更なる関与を歓迎し、多国間演習や展開の拡大に支持を表明した〉

〈日豪円滑化協定（RAA）〉とは、二〇二二年一月に署名されたオーストラリアとの準軍事同盟協定である。これを機に、日本の軍事同盟は不十分ながらも日米同盟から日米豪同盟に変わったといえよう。

それに加え、EU（欧州連合）もNATOも日本と一緒になって中国・北朝鮮に立ち向かおうということだ。

中距離弾道ミサイル、長距離弾道ミサイルの発展によって、地球は狭くなった。アジアの脅威は、どの地域も〝対岸の火事〟ではなくなった。

もちろん、重要なのは軍事的な結びつきだけではない。通商や法の支配やビッグデータなどでも自由主義圏が連携して繁栄すること、ひいてはその優位性をアピールすることで、アジア・アフリカ・中東も仲間に引き入れていく必要がある。まさに「ＤＩＭＥ」の総合力が試される状況といえる。

先にアメリカの合意を得ていた「反撃能力」

共同声明では「反撃能力」についても言及している。

〈困難を増す地域の安全保障環境に対応するにあたり、日米は、今後作成されるそれぞれの安全保障戦略に関する主要な文書を通じて、同盟としてのビジョンや優先事項の整合性を確保することを決意した。

日本は、戦略見直しのプロセスを通じて、ミサイルの脅威に対抗するための能力を含め、国家の防衛に必要なあらゆる選択肢を検討する決意を表明した。

日米は、このプロセスを通じて緊密に連携する必要性を強調し、同盟の役割・任務・能力の進化及び緊急事態に関する共同計画作業についての確固とした進展を歓迎した〉

〈ミサイルの脅威に対抗するための能力〉とは、いわゆる「反撃能力」を含む。日本政府は二〇二二年十二月に「安保三文書」を閣議決定し、この能力を保有する方針を固めたが、その方針決定にあたってあらかじめ、アメリカ側から合意を得ていたわけだ。この部分が想定しているのは、いうまでもなく台湾有事である。

台湾側もそれをよく理解している。私が台湾軍の知り合いに聞いたところ、この〈共同計画作業についての確固とした進展〉の中身を公式には聞いていないが、そうとう踏み込んだ発言だと認識していた。「できるならこの中身について、日米台湾の三カ国で秘密協議を行ないたい。我々はそれを待ち望んでいる」という。

その場合、まず日本は台湾と軍事機密を守る協定を結ぶ必要がある。やがて、そうした話も進められていくだろう。

また、台湾有事となれば、日本の南西諸島が重要な役割を果たすことになる。共同発表はその点にも言及している。

〈閣僚はまた、日本の南西諸島を含めた地域における自衛隊の態勢強化の取組を含め、日米の施設の共同使用を増加させることにコミットした〉

要するに、米軍と自衛隊がお互いの軍事基地を共同利用することでほぼ合意したということだ。そのうえで、両者の協力関係の強化も約束している。

〈閣僚は、同盟の即応性と抗たん性（筆者注：基地や施設などが敵の攻撃に耐え、機能を維持する能力）を高めるために日本の米軍への支援を拡大し、再編成することとなる、新たな在日米軍駐留経費負担（「同盟強靭化予算」）に係る実質合意及び特別協定への署名を歓迎した〉

日本は一九七〇年代末の大平正芳《まさよし》政権以降、アメリカにいわゆる「思いやり予算」を用意してきた。在日米軍に日本を守ってもらうために、その経費を負担するという考え方だ。第二次安倍政権はトランプ政権との協議のすえ、その考え方をあらためた。中国・北朝鮮に立ち向かうため、日米の軍事能力を高めるための予算と位置づけたのである。

もはやアメリカに守ってもらえる時代ではなく、ともに戦わなければならない時代へと変化した。それが「同盟強靭化予算」に込められた意味なのだ。

そして共同声明の終盤では、機微技術（軍事に用いられる可能性の高い技術）の共同研究、共同開発、共同維持にも触れている。

〈閣僚は、人工知能、機械学習、指向性エネルギー及び量子計算を含む重要な新興分野において、イノベーションを加速し、同盟が技術的優位性を確保するための共同の投資を追求することにコミットした。閣僚は、極超音速技術に対抗するための将来の協力に焦点を当てた共同分析を実施することで一致した。

閣僚はまた、共同研究、共同開発、共同生産、及び共同維持並びに試験及び評価に関する協力に係る枠組みに関する交換公文を歓迎した。これに基づき日米は、新興技術に関する協力を前進及び加速化させていく。閣僚は、調達の合理化及び防衛分野におけるサプライチェー

ンの強化に関する協力を強調した〉

これが、まさに経済安全保障の国際的な文脈における位置づけだ。日米をはじめオーストラリアやNATOのような自由主義圏が結束し、中国や北朝鮮に対して軍事的技術の優位性を確保するということである。

そのために、たとえば防衛分野のサプライチェーンの強化についても明記している。それと連動するように、岸田政権が二〇二二年五月に成立させた経済安全保障推進法でも、「サプライチェーンの強化」を四本柱のうちの一つに据えている。

ところが、同法に「防衛分野」に関する記述はない。つまり外向きと内向きの政策がずれている、厳しくいえば二枚舌を使っているわけで、腰砕けと批判されても仕方がないが、経済安全保障について大きく踏み込んでアメリカと約束したことは間違いない。軍事技術の共同研究・開発・維持はもちろん、サプライチェーンの強化には防衛分野も含まれるようになるはずだ。

以上が「2＋2」の共同発表の要諦だ。国際社会に向けて、今後の日米関係のあり方、さらに自由主義圏の同盟の方向性をはっきり明示したのである。

議論に追いついてこられない政治家や日本メディア

中国・北朝鮮と軍事的に対峙《たいじ》するためにも、日本は複数のバックアップラインが必要となる。日本の背後を固めなくてはならないのだ。

その一つが、ハワイ、カリフォルニアの基地を結ぶラインだ。また、ハワイのバックアップには、戦略爆撃部隊がいるアラスカの基地もある。さらには、グアム、オーストラリアのダーウィンを結ぶラインもある。それに、ベトナムや韓国、フィリピン、シンガポール、インドの基地にも軍を集中させ、それぞれの国の軍との連携強化を図っている。

こうしたネットワークで中国・北朝鮮に対峙するのが、米軍の地政学的発想である。日本の有事に際し、これらの基地から救援部隊が駆けつけるということだ。

逆にいえば、有事の際に日本を守るには、グアム、ハワイ、アラスカ、カリフォルニア、ダーウィンなどとの連携が欠かせない。日本としては、これらのルートを死守する必要がある。

だからこそ、二〇二二年一月にトンガ王国が火山噴火と津波で被害を受けた際も、自衛隊はただちに救助に向かった。もちろん友好国としての活動だが、太平洋の島嶼《とうしょ》国には、戦略ルートとして重要な軍事拠点が置かれているという事情もある。

ちなみに太平洋上の戦略的要衝といえば、先の戦争の時代もいまも、変わらずグアムとサイパンだ。

グアムの米軍基地には、武器・弾薬・燃料・医薬品を運ぶ大型輸送艦二隻がつねに停泊している。日本を含めて太平洋上のどこかの基地が攻撃を受けた場合には、ただちにここから出動できるようになっている。

一方で、中国側はこうしたネットワークをできるだけ寸断したい。だから昨今、太平洋への進出を積極的に進めているのだ。

もう一ついえば、日本は小笠原諸島や沖ノ鳥島周辺などを含む日本の排他的経済水域（EEZ）を死守しなければならない。これを説いたのは東京都知事であった石原慎太郎氏だが、石原氏は先の太平洋のネットワークも、海洋進出を狙う中国の意図も熟知していた。

ことほど左様に、かつてに比べて日米同盟のかたちは様変わりしている。しかし、繰り返すが現在の日本では、自民党を含めた多くの政治家たちが、この議論に追いついていない。メディアのレベルも偏向以前に基礎的な知識が足りず、国際標準の動静さえキャッチアップできていない。

だとすれば、私たちは自力でキャッチアップするしかない。日米同盟がこの十年のあいだに大きく変化し、現代化・国際化に舵《かじ》を切っているという事実を念頭に置くだけで、国際政治や安全保障、経済安保の動きがぐっと見えやすくなるはずだ。

第5章

ウクライナ戦争を「DIME」で読み解く

自らが情報をキャッチアップして見方をアップデートするだけで、漫然と目にしていたニュースが鮮やかな意味をもってくる。その積み重ねが日本国民のリテラシーを形成し、総意をかたちづくる。

ウクライナ戦争はDIMEを学ぶリアルな教材

たとえば、そうした視点をもっていま安全保障上の世界最大の懸念であるウクライナ戦争について考えたとき、何を学べるだろうか。本章では、ウクライナ戦争とＤＩＭＥを切り結びながら、その視点が私たちに見せてくる世界を描き出してみよう。

二〇二二年二月二十四日、ロシア軍がウクライナ東部への侵攻を開始した。ロシア側の作戦は大きく二つあった。一つは、親ロシア派の住民が多いといわれるウクライナ東部のドネツク・ルハンスク二州を併合すること、もう一つは、首都キーウに圧力をかけ、ヨーロッパ寄りのウォロディミル・ゼレンスキー政権を失脚させ、代わって親露政権を樹立することである。

ウラジーミル・プーチン大統領は当初、侵攻から四～五日で決着をつける電撃戦を目論《もくろ》んでいたという。しかし開戦から一年を経過してなお、一進一退の戦闘が続いている。プーチンのどこに誤算があったのか。それを読み解くことこそが、DIMEとは何かを知るリアルな教材になる。

ロシアには成功体験があった。二〇一四年のクリミア半島併合だ。ウクライナでユーロマイダン（ユーロは「欧州」、マイダンは「広場」の意味）革命が発生し、親ロシア派だったヴィクトル・ヤヌコーヴィチ政権が崩壊、ヨーロッパへの接近をめざすペトロ・ポロシェンコ政権が誕生する。その混乱のなか、ロシアはサイバー攻撃を仕掛けて通信網を麻痺《まひ》させるとともに、クリミア半島のクリミア自治共和国とセヴァストポリ特別市に工作員を送り込み、世論を扇動して「住民投票」を実施した。

その結果、この地域の住民はロシアへの編入を望んでいるとして、独立を承認するとともに、一方的にロシア連邦に組み入れたのである。

もちろん、ウクライナもEUもアメリカも、この併合を認めていない。だが、そこで効果的な対抗策を打ち出すことができなかった。とりわけEUは、ドイツをはじめとしてエネルギー資源をロシアに依存している。事を荒立ててその供給を止められれば、困るのはEU側だ。ロシアはそれを見越して強引な手を打ってきたのである。

そして今日も、クリミア半島はロシアに支配されたまま、既成事実化が進んでいる。ロシアにとっては、軍事力その他の労力をとくにかけることなく、黒海に面する経済・軍事の要衝の獲得に成功したわけだ。

同じ手法でロシアがドネツク州・ルハンスク州を絡めとろうとしたことは、いうまでもない。以前から工作員を送り込んで新露派住民と親ウクライナ派住民の対立を煽《あお》り、長く内戦状態に置いていた。そのうえで、満を持して軍事侵攻に出たが、それがうまくいかなかったのはなぜか。二〇一四年といまとでは何が違うのか。DIMEのそれぞれについて検証してみよう。

M（Military＝軍事）：戦力差と勝敗の行方は一致しない

まず、もっともわかりやすい「M（Military＝軍事）」から。

ロシア軍とウクライナ軍の戦力を比較すると、軍事費はロシア軍が一五四〇億ドルでウクライナ軍が一一九億ドルと一〇倍以上、総兵力はロシア軍が八五万人でウクライナ軍が二〇万人と四倍以上。ロシア軍が圧倒しているのはいうまでもない。

だが、現場ではいくつか想定外の事態が起きていた。まず、ロシア軍の士気の低さである。ウクライナ東部二州の外側で軍事演習を始めたのは二〇二一年九月から。そのまま現地にテントを張って越冬したが、冬季の気温は氷点下一〇度にもなる。その過酷な環境に耐えたうえでの進軍だったため、そもそもロシア軍は最初から疲れ果てていたといわれている。

それに、派遣された部隊は東部二州の親露派住民と関係の近い兵士が多く、住民と連携しながら軍事占領することを目的としている。もともと激しい戦闘は想定していなかったのだ。

一方でキーウに向かった部隊も、軍事的プレッシャーを与えて親露派の傀儡《かいらい》政権をつくることが目的だった。本格的な戦闘や殺戮《さつりく》は、現地のウクライナ住民たちの反感を買い、かえって政権交代を難しくする。したがって、やはり戦闘は想定せず、武器や装備は軽かった。

しかも、この部隊の多くは、はるばるシベリアから派遣されていた。やはり戦闘目的ではなかったので、ウクライナの地形や情勢にも疎いまま。それに彼らの仮想敵は日本だが、日本とは八十年近くも衝突していない。つまり、部隊としての戦争経験もゼロである。

対するウクライナ軍は、旧ソ連時代に西側の最前線だったこともあり、兵力はともかく能力は最高レベル。しかもクリミア併合後、対露戦体制への整備を進めるため、アメリカ・イギリスの軍事顧問団を五〇〇人以上招き入れて教育訓練を受けてきたとされている。そしてもちろん、祖国への侵攻を阻止する側として士気はきわめて高い。

じつは侵攻直前の段階で、ロシアの特殊部隊がウクライナの大統領官邸に侵入し、ゼレンスキー大統領の暗殺を企てる事件が起きていたという。だが、大統領を警護するウクライナ軍の特殊部隊によって阻止され、殲滅《せんめつ》された。その部隊を創設し、指導・訓練を行なったのが米英軍だったといわれている。

こうして臨戦態勢を整えたため、戦闘は短期で終わらず、ロシア軍は早々に兵站が枯渇して苦戦を強いられた。米英から供与されたインテリジェンスに基づいてウクライナ側が効果的な攻撃を実施し、ロシア側の将校クラスが次々と戦死することになったのも注目点だ。

加えて、ロシア軍は重大なミスも犯している。

二〇一四年にクリミア半島を奪取した際、ロシアが仕掛けたのは「ハイブリッド戦争」であった。あらかじめ現地に工作員を送り込み、内側から独立運動を主導するとともに、特殊部隊を投入してサイバー攻撃を行なって都市機能を麻痺させ、さらに通信機能を破壊する。いくつかの作戦を掛け合わせたのだ。これによって住民を混乱させ、どさくさのなかで「住民投票」を実施して主権を奪った。東部二州に対しても、同じ作戦に実戦部隊を加えて規模を拡大し、早々に決着をつけるはずだった。

ところが、送り込んだ工作員は軒並み摘発され、サイバー攻撃は中途半端、通信機器の破壊にも失敗する。おかげでウクライナ住民は、侵攻を受けたあとも携帯電話で通信・通話することができた。国境付近の住民の安否確認もできたし、何よりロシア軍の動きを刻々と〝実況〟できたのだ。ゼレンスキー大統領も、ことあるごとにオンラインで国民に「我々は大丈夫。いまはこういう状況だ」と語りかけた。これが住民に安心感をもたらし、国内の余計な動揺を防いだのである。とくに侵攻直後、ゼレンスキー大統領が国外亡命せずに、キーウに踏みとどまってその様子を動画にアップしたことが、ウクライナ国民を鼓舞することになった。

数字上の戦力差は歴然としていても、必ずしも勝敗には直結しない。ウクライナ戦争にかぎらず、士気や戦略、そして事前の準備などさまざまな要素を絡めて戦うのが戦争であり、ひいては安全保障なのである。

本来ならば、日本政府はこの戦争の実情を調査すべく、自衛官をウクライナに送り込み、その調査・報告に基づいて日本の安全保障体制の強化に役立てるべきだが、「戦場に自衛官を送ったりしたら、世論から反発されるかもしれない」と及び腰だと聞く。残念でならない。

D（Diplomacy ＝外交）：NATOとウクライナの連携がロシアを止めた

次に「D（Diplomacy ＝外交）」について。

ウクライナは西側の軍事同盟であるNATOの加盟国ではない。かねて加盟を求める姿勢を示していたが、それがロシアを刺激し、先のクリミア半島の併合や今回のウクライナ戦争に至ったという経緯がある。

つまりNATO側から見れば、ウクライナがロシアから軍事攻撃を受けたとしても、集団安全保障の枠外だから援軍として動けない。NATO加盟国はいずれも民主主義国家だから、同盟国以外の戦争で自国の兵士を失うことは許されない。事実、クリミア半島併合の際にNATOのみならず西側としてもほとんど対抗できなかったことは、先述のとおりだ。だから今回も動けないだろう、とロシア側は踏んでいた。

しかし、今回は違った。軍事行動は起こさないものの、NATOはウクライナへの積極的な武器供与というかたちで支援に回ったのである。

なかでもすっかり有名になったのが、米軍から供与された携帯式対戦車ミサイル「ジャベリン」だ。主にロシア軍の戦車を狙い撃ちすることで、進軍を阻んでいる。あるいは戦闘ヘリをターゲットにした携帯式防空ミサイル「スティンガー」も有効で、そのためにロシア軍はウクライナ上空の制空権（≒航空優勢）を把握し切れていない。

それだけではない。NATOの中核を構成するアメリカ、イギリス、ドイツ、フランスが軍備を増強し、臨戦態勢を敷いている。バルト三国（エストニア、ラトビア、リトアニア）、ポーランド、スロバキア、ハンガリー、ルーマニア、ブルガリア、トルコといったNATO加盟国もこれに続く。実際の行動には出ていないが、ロシア軍の動きを牽制しているのだ。このためにロシア軍は、ウクライナ方面に投入できる兵力を制限された。

これにより、ロシア軍による当初の短期決戦の目論見は崩された。ＮＡＴＯ側に立って言い換えるなら、短期で終わらせないために抵抗力のある武器を供与し、長期戦の準備のないロシア軍を不利な状況に追い込んでいる、ということだ。

これらは「Ｍ」の要素もあるが、ＮＡＴＯ加盟国とウクライナが緊密に連携し、武力そのものを使わずにロシア軍の動きを止めたという意味では「Ｄ」の成果ともいえる。

戦争の成果は軍事力、兵力だけでなく、どれほどの同盟国、友好国をもっているのかによって、大きく左右されるのである。

I（Intelligence＝情報）：ハイブリッド戦争vs.オープン・インテリジェンス戦略

そしてもう一つ、「Ｄ」は大きな役割を果たしている。「Ｉ（Intelligence＝情報）」ともかかわるが、リアルタイムの情報共有だ。

アメリカとイギリスは、通信衛星や国境付近に送り込んだ偵察部隊から得られる情報を、惜しみなくウクライナに提供している。たとえば、ロシア軍の戦車部隊がどこまで迫っているのか、どういう航空部隊がどの角度から侵入しようとしているか、といった具合だ。そうした情報が逐一入るので、ウクライナ軍は、携帯式対戦車ミサイル「ジャベリン」や携帯式防空ミサイル「スティンガー」を駆使した効果的な撃退が可能なのである。

この背景にも、クリミア半島併合時の反省がある。繰り返すが、あのときに何よりダメージを受けたのは「情報」であった。住民も国際社会も、ロシアのサイバー攻撃によって情報を遮断され、何が起きているかわからない状態のまま主権を奪われた。ロシアが仕掛ける「ハイブリッド戦争」にまんまとはまったのだ。

そこで今回は、ウクライナもアメリカも積極的な情報発信で対抗しようとした。ただこれは、国際的なインテリジェンスの世界では禁じ手でもある。情報発信は、情報収集能力や分析能力を明かすことにもなるからだ。それは、世界各所に入り込んでいる情報提供者を危険にさらすことにもなりかねない。それでもなお、そのデメリットよりメリットのほうが大きいと判断したのである。

日本大学危機管理学部の福田充《みつる》教授は、これを「オープン・インテリジェンス戦略」と命名している。ウクライナ侵攻のまさに直前、二〇二二年二月十九日に掲載された「プレジデントオンライン」への寄稿では、侵攻への警戒を発信するバイデン政権に言及しつつ、以下のように述べている。

〈このオープン・インテリジェンス戦略は、相手の出方を先に世界に公表することで、相手がその手段をとれなくするようにする究極の抑止策であると同時に、インテリジェンス活動の禁じ手でもあるという、諸刃の剣の側面を持っていることも理解せねばならない〉

それでも情報を公表するのは、これが軍事力の代替であり、本来なら武力衝突の抑止力として機能すべき国連安全保障理事会の代替の意味もあるという。

〈このウクライナとロシアの安全保障上の対立、軍事衝突のリスクに対してアメリカは単独で直接的に軍事介入できないという制約がある。ここでは安全保障理事会の機能しない国連というスキームも全く役には立たない〉

結果的にロシアの侵攻を止めることはできなかったが、供与した武器とともに情報が有効に活用されていることは、周知のとおりだ。

さらには「ハイブリッド戦争」に備え、ウクライナ国内では通信回線の強化も図られていた。

ＮＡＴＯの関係者から聞いた話によれば、クリミア半島を奪われたあとの段階で、米英の指導を受けて通信回線と電力網を複数化していたらしい。侵攻と同時にこれらが狙われることは確実だったが、表向きの回線や機器が破壊されてもネットワークが維持されるようにしたという。

実際に侵攻後、ウクライナ国内は再三の破壊によってしばしば電力不足に陥ったが、通信回線は一貫して維持されている。電力と通信の維持が「ハイブリッド戦争」に対抗するうえでは、きわめて重要なのだ。クリミア半島併合の反省が、こうした点でも活かされている。

「オープン・インテリジェンス戦略」には、もう一つ大きな意味がある。通称、「偽旗作戦《にせはた》」と呼ばれるものだ。

いわゆる「フェイクニュース」が世界中に氾濫しているのはご存じのとおり。クリミア半島併合の際も、ロシアは地元住民と世界に向けてフェイクニュースとプロパガンダを発信し続けた。それに対し、国際社会はなす術もなかった。

ロシアのメディアが「住民はロシアへの併合を望んでいる」とさかんに伝え、それがＳＮＳ（ソーシャル・ネットワーキング・サービス）を通じて拡散され、真実であるかのように浸透してしまったのだ。

つまり、いまやフェイクニュースやSNSは、兵器に匹敵するほどの力をもっている。あらゆる戦争は情報戦でもあり、それを制することが勝利の必須条件だ。福田教授は、以下のように指摘する。

〈ロシアが展開するフェイクニュースやプロパガンダにより世界をだますハイブリッド戦争の時代において、その戦いを制する主戦場はSNSやネットなどのメディアであり、コミュニケーションとなった。

そのメディアにおけるコミュニケーションの情報戦を制するため――ロシアのフェイクニュースを打倒するために――バイデン政権はフェイクニュースではなく、インテリジェンス活動に基づいた「トゥルース」としての機密情報を武器に使うことを決意したのである〉

その一例として挙げているのが、侵攻直前のロシア発のフェイクニュースである。編集された映像とともに「ベラルーシでの軍事演習を終えたロシア軍は、ロシア国内に撤退した」と報道し、ウクライナや西側を油断させようとした。

それに対してアメリカやNATOは、情報衛星の画像を公表して「ロシア軍はまだ撤退していない」と世界に訴え続けた。

〈この情報衛星の映像はイミント（ＩＭＩＮＴ）と呼ばれる画像や映像を使ったインテリジェンス活動であり、本来であれば公開されない国家機密である。それをあえて使って、情報戦を制するのがハイブリッド戦争におけるオープン・インテリジェンス戦略であるといえる〉

日本も情報衛星をもっているが、その画像は特定機密保護法による最高機密レベルである。そうしたレベルの情報を惜しげもなくメディアに流したところに、米欧の覚悟が感じられよう。自分たちの手の内をさらしてでも、ロシア側の嘘を暴いて戦う姿勢を示したのだ。

そうした情報は、戦闘の現場でも不可欠になっている。じつは、ウクライナ軍とロシア軍がもつ戦車・戦闘機・戦闘ヘリは、ほぼ同型だ。したがって、下手をすると同士討ちになりかねない。ロシア軍はそれを識別するため、自軍の戦車などに白字で「Ｚ」と記している。

一方、ウクライナ軍の対応はよりデジタルだ。米英からリアルタイムに提供される軍事衛星・情報衛星の画像から、敵味方を識別したり、ロシア軍の行軍の様子を可視化したりできている。どちらが有利に戦えるかは自明だろう。

余談ながら、ウクライナとロシアは兵器のみならず、情報機関も近しい関係にある。ソ連時代はともにKGB（ソ連国家保安委員会）が置かれていたので、近しいのは当然である。ソ連崩壊を機に袂《たもと》を分かつことになったが、今日のウクライナの情報機関の前身はKGBだ。

そこから三十年が経過しているとはいえ、ロシアの情報機関の面々と人間関係があっても不思議ではないし、場合によっては縁戚関係もあるかもしれない。そして何より、お互いに手の内も理解している。もしかしたら、お互いに相手の情報機関にスパイを送り込んでいる可能性もある。先に紹介した、侵攻直前のウクライナ大統領官邸への襲撃が失敗したのも、おそらくプーチンの側近のなかにスパイが潜んでいたためだ。

同時にウクライナ側が行政通信傍受、信書開披《かいひ》、秘密捜索、監視機材（カメラ、マイクなど）の設置、潜入調査、囮《おとり》調査などを駆使して、ウクライナ内部に入り込んでいたロシア側のスパイを徹底して拘束し、排除できたからこそ、ゼレンスキー大統領や軍司令部機能がいまでも維持できている。

行政通信傍受とは、犯罪が起きる前に行政機関が行なう通信傍受のことだ。諸外国ではテロ組織の潜伏先特定などで活用されているが、日本では一切の行政通信傍受が認められておらず、テロの兆候があったとしても認められない。欧米ではアメリカのFBI、イギリスのセキュリティ・

サービス（保安局）通称ＭＩ５（Military Intelligence Section 5：軍情報部第五課）、ドイツの連邦憲法擁護庁、フランスのＤＧＳＩ（国内治安総局）、イスラエルのシャバック（イスラエル総保安庁）に代表される組織が、行政通信傍受などによって国内のスパイを摘発している。こうした国内のスパイ摘発の仕組みを整備することも、日本にとっては大きな課題といえるだろう。

さらには、国際社会へのアピールも「Ｉ」の重要な役割だ。とくに戦時になると、情報戦は戦況に大きな影響を及ぼす。ましてやインターネットがこれだけ浸透していれば、あらゆる戦争は「デジタル戦争」になる。この点でも、ウクライナの戦い方は巧みである。

アメリカのニュース専門テレビ局ＣＮＢＣが報じたところによると、ウクライナには「デジタル軍」と呼ばれる総勢三〇万人のボランティア組織があるという。ロシア側がフェイクニュースを流すと、欧米と連携しながら即座にそれを打ち消し、ウクライナに有利なカウンター情報を流す。それもフェイクニュースである可能性は否定できないが、とにかくこれを徹底しているらしい。

たしかに日本にいても、見聞きするニュースなどはウクライナ側の発信によるものが大半だ。ロシア側の情報はほとんど出てこない。ウクライナのデジタル部隊がロシア側を圧倒しているということだ。その成果として、ウクライナ側は国民の支持を集めるとともに、海外からの支持・

支援も獲得できている。

実際、欧米諸国の軍事支援はすさまじい。二〇二二年三月十八日付の防衛省の資料によれば、NATO加盟国はもちろん、非加盟国のオーストラリア、スウェーデン、フィンランドも武器や資金の提供を行なっている（スウェーデン、フィンランドは同年七月にNATO加盟が内定した）。これらの国は、すべてウクライナ側に与することを表明したということだ。

世論レベルでも、少なくとも自由主義圏では「プーチンが悪い」の一色に染まった感がある。これはデジタル軍による発信もさることながら、情報が自然に拡散するSNSの影響も大きいだろう。

E（Economy＝経済）：米欧日が連携してロシア経済を圧迫

そして、ロシアを苦境に追い込んでいるのが最後の「E（Economy＝経済）」だ。欧米日による経済制裁は、目立つことはないが確実に効いている。

とりわけ驚かされたのが、ドイツの大転換である。アンゲラ・メルケル前首相はプーチン大統領と良好な関係を築き、「恋人同士」とさえ評されていた。ところが二〇二一年十二月にメルケルが退陣してオラフ・ショルツ新政権が誕生して以来、風向きが変わった。さらにロシアのウクライナ侵攻により、対露の姿勢を一気に硬化させた。米日と連携し、国内にあるロシア中央銀行の外貨準備の凍結に踏み切ったのである。これにより、ロシアは各国との決済が大きく制限された。

侵攻直後の二月二十六日には、やはり米欧日が結束して国際銀行間通信協会(SWIFT)からロシアの大手銀行を排除する方針を固めた。ロシアを国際決済システムから切り離し、貿易をはじめとするあらゆる経済活動の力を削ぐ作戦である。これに中立国のスイス、スウェーデン、フィンランドも同調した。ロシアにとっては抜け道を塞がれたかたちだ。

とはいえ、ロシアは世界有数の産油国であり、食糧輸出国でもある。その貿易を遮断することは、世界各国にとっても痛手となる。しかし、あえて踏み切ったところに米欧日の覚悟が垣間《かいま》見える。侵攻直後にそれを決断できたのは、事前に察知して協議を開始していたからだろう。

日本についていえば、資産凍結などのほか、ウクライナのドネツク・ルハンスク地方のロシア関係者の資産を凍結、同地方との輸出入の禁止、ロシア国債の不買、ロシアの特定銀行との取引停止などの措置をとっている。さらに侵攻から三日後の二月二十七日には、プーチンを含むロシア政府関係者の資産凍結なども決定した。経済制裁に関しては、米欧と完全に足並みを揃《そろ》えている。

ウクライナのゼレンスキー大統領が、ヨーロッパのEU議会、イギリス議会、アメリカ連邦議会をはじめ各国でオンライン形式の演説を行なったことは記憶に新しい。日本の国会に向けた演説は三月二十三日だった。

このとき、大統領は「すぐに援助の手を差し伸べてくれた」と感謝の意を示し、日本を「アジアのリーダー」と褒め称えた。たんなるお世辞ではないだろう。国際協調による一連の経済制裁に、アジアで加わったのは日本だけだった。しかも日本は米中に次ぐ世界第三位の経済大国だから、インパクトは大きい。言い換えるなら、日本は米欧とともに対露経済戦争を主導しているということだ。

ここは、岸田政権の決断の早さを褒めるべきだろう。こうした国家戦略レベルの話は、以前であれば省庁間をたらい回しにして、責任を押しつけ合って対応が遅れるところだった。ここまで早く動けたのは、第二次安倍政権の置き土産である「国家安全保障局（NSS）」が機能したからだ。

戦争のきっかけにすらなる各国のエネルギー政策

こうしてウクライナ戦争を概観するにつけ、一つの疑問が浮かぶ。欧米各国がDIMEを動員して戦っているのに、なぜロシアは敗北しないのかということだ。

要因の一つは、豊富な天然資源に代表される経済力にある。一連のロシアへの経済制裁がどこまで有効なのかは未知数だ。とはいえ、輸出であれ輸入であれ、取引量の多い先進各国との物流が滞れば、ダメージは避けられない。現在はまだ、制裁の影響を世界の安全保障の専門家が注視している段階で、その結果が、次の安全保障戦略に活かされることはいうまでもない。

もう一つ、世界的なエネルギー価格の高騰もロシア経済を潤している。ヨーロッパ各国は経済制裁として天然ガスの輸入を差し止めているが、それが諸刃の剣で供給不足を生み、エネルギー価格を押し上げているのは否めない。その一方、中国やトルコなどは輸入を止めていない。それが、ロシアに豊富な外貨準備をもたらしている。

ここで思い出されるのが、米ソ冷戦時代の末期、アメリカのロナルド・レーガン大統領がサウジアラビアに最新の武器を供与したという件だ。イスラエルやアメリカ国内のユダヤロビーは猛烈に反対したが、それをレーガンは押し切った。代わりに石油の増産を要求するためだ。

その結果、世界最大の産油国であるサウジアラビアは増産に踏み切り、世界の原油価格は暴落。これによって産油国ソ連の財政が悪化し、軍拡に耐えられなくなり、当時のミハイル・ゴルバチョフ書記長は財政再建のために経済の改革開放（ペレストロイカ）を志向せざるをえなくなった。

この改革路線に乗じ、東欧諸国は「民主化」という名の脱ソ連化を推進した。この流れがやがてベルリンの壁の崩壊と東欧の民主化、そしてソ連邦の解体につながったのだ。

今日でもこの戦略は有効だろう。石油と天然ガスの価格を下げることが、ロシアを追い詰めることになる。具体的には、まずロシア以外の中東諸国やアメリカが、石油、天然ガスを増産することだ。

トランプ政権は、規制改革でアメリカ国内でのシェールガスの増産に踏み切り、じつはロシアを経済的に追い詰めていた。だが昨今は気候変動問題の台頭で、石炭よりCO_2（二酸化炭素）排出量の少ない天然ガスへのシフトが世界的に進んでいるため、もともと天然ガスの価格は上がりやすくなっていた。さらにはバイデン政権も国内の環境規制を強化したため、エネルギー輸入を増やし、石油と天然ガスの価格上昇を招いている。結果的にロシアを利することになっているのだ。

石油と天然ガスの使用量を減らす手段も講じる必要がある。もっとも現実的で有効なのは原子力発電の活用だろう。日本国内には「反原発」を主張する人たちもいるが、それが科学的な知識不足ゆえなのか、それともロシアを利するためなのか、冷静に見極めなければならない。

いずれにせよ、エネルギー政策は国際政治を動かす一大要素である。戦争の原因にもなるし、戦争継続の原動力にもなる。それほど現代において、経済と外交、軍事は連動しているのだ。

ウクライナ戦争とは、すなわち金融戦争である

経済戦争といえばもう一つ、ウクライナ戦争は「金融戦争」でもある。これも従来にはなかった側面で、戦争のあり方を変えたという意味で後世に検証され、語り継がれることになるだろう。二〇二二年三月十六日、アメリカ国務省の主導により「ロシアの支配層（「エリート」）、代理勢力、オリガルヒに対する多国間タスクフォース閣僚級会合」が開かれた。出席したのは、日本を含むG７各国、オーストラリア、欧州委員会（ＥＣ）の財務大臣と、法務大臣や内務大臣などで、ロシアに対する経済制裁措置のあり方や、違法行為の取り締まりなどについて話し合いがもたれた。

その結果、発表された「閣僚共同声明」は以下のとおりだ。

〈ロシアによる近時のウクライナへの侵略は、国連憲章を含む、国際秩序を支える基本原則や法への更なる攻撃である。ロシアの重要な支配層（「エリート」）や代理勢力の資産を捕捉し、彼らの支援者や促進者に対して行動するために共に取り組むことにより、我々はそれら

の者を国際的な金融システムから孤立させるための更なる措置をとり、それらの者の行動に対する結果責任を負わせると共に、他国に対してもこの重要な取組を行うよう慫慂《しょうよう》する〉

要するに、貿易のみならず国際的な金融システムからもロシアを締め出し、いわば〝兵糧攻め〟にしようというわけだ。ロシアの指定された人物は、もうロシアを出られない。クレジットカードを使えず、ホテルにも泊まれないからだ。カードを使わせた銀行があれば、同じく制裁を受けることになる。

それにロシアだけではなく、ロシアに協力的な国に対しても牽制する。グローバルなサプライチェーンのみならず、金融・決済システムも自由主義陣営主導で再編するという。主なターゲットは、いうまでもなく中国だ。バイデン政権は、この金融・決済システムから排除されたくなければロシアへの支援を止めろ、と恫喝しているのである。

たしかに中国にとって、これは死活問題だ。石油などエネルギーを買えないだけではなく、一四億人の人口を養うために必要な大量の食糧（麦やトウモロコシなど）も買えなくなる。それは人々の不安や不満を蓄積させ、習近平体制を揺るがす事態にも発展しかねない。これこそが金融戦争の戦い方である。ロシアの友好国である中国の動きが鈍い背景には、アメリカの圧力もあるわけだ。

金融はいつ安全保障の道具として使われはじめたか

金融を安全保障の道具として使うことはいつ、いかなる経緯で始まったのか。これについては、二〇一四年二月十一日付『日本経済新聞』が、米州総局（ニューヨーク）編集委員の西村博之氏による「金融は兵器になるか　米が意識する覇権維持の切り札」という解説記事を載せている。

以下に、そのポイントを紹介しよう。

二〇〇八年、時のジョージ・ブッシュ大統領（子）を囲んだ国家安全保障会議で、パキスタン情勢について議論が行なわれていた。そこにオブザーバーとして参加していたロバート・キミット元米財務副長官が発言を求める。

〈昨夜パキスタンの外貨準備が輸入に必要な額の2カ月分を切ったのをご存じですか〉。外貨準備が切れて食糧やエネルギーの輸入が滞れば、政情不安に発展しかねない。これを機に議論の流れは一変し、アジア開発銀行や世界銀行と連携してパキスタンにつなぎ融資を行なうことが決定したという。これが〈安全保障政策における扱いが明確でなかった「金融」が、外交や軍事と並ぶ重要な柱として意識され始めた1つの象徴例だ〉と記事は指摘する。

〈最近、米外交問題評議会（ＣＦＲ）と米戦略国際問題研究所（ＣＳＩＳ）で、米国の金融力と安全保障をどう結びつけるかをテーマに相次ぎ会合が開かれた。冒頭のエピソードも後者の会合で、ロバート・キミット元米財務副長官が明らかにしたものだ。

「安全保障とは外交、防衛、そして国際的な経済・金融政策の総体である」。キミット氏はそう述べ、金融力を安全保障政策の重要な柱として位置付ける。

同じ会合に参加したデビッド・ゴードン元米国務省政策企画室長は、さらに踏み込む。「これまで金融力は、外交力や防衛力の源泉であり、〝縁の下の力持ち〟(enabler)だった。だがグローバル化で世界の相互依存が高まるなか、軍事力に匹敵するまでに役割を高めた」〉

これが二〇一三年ごろの話だ。キミットが述べた〈安全保障とは外交、防衛、そして国際的な経済・金融政策の総体〉とは、ＤＩＭＥを指していると考えればわかりやすい。

記事は以下のように続く。

〈米財務省は、以前から犯罪組織の資金洗浄やテロ資金の追跡を手がけてきた。だが、あくまで国防総省や司法省のサポート役として、個別の案件に対応するにすぎなかったという。それがクリントン政権末期になり、サマーズ財務長官のもとでは金融を安全保障政策にどう絡めるか、模索が始まった〉

ビル・クリントン政権末期といえば一九九九年ごろである。日本では「金融ビッグバン」により、大規模な金融自由化が進んでいた。世界経済に占める日本経済のシェアは大きいので、それは世界的な視点では、金融システムのグローバル化が始まったことを意味している。その流れに合わせるように、金融を安全保障のなかに組み込む動きが生まれた。

〈だが米国がもつ金融の影響力を安全保障の道具として使う取り組みが本格化したのは、2001年の同時多発テロ以降だ。財務省内に世界初のインテリジェンス部門を置き、世界から寄せられる情報を分析、政策に反映させる試みが始まった。

主にはテロ組織や、核開発を進める北朝鮮、イランとその関連団体、麻薬売買に絡む組織犯罪などを標的とした。被疑者のポケットに入っていたレシートから銀行の送金履歴、情報機関が得た極秘情報まで幅広いデータを分析。組織の全容をあぶり出してお金の流れを断ち、解体に追い込む。試行錯誤で、そうした手法を磨いていった〉

さながら映画や小説のようなやり口だが、これが奏功した一例が、北朝鮮拉致《らち》被害者の奪還である。クリントン後に大統領に就任したブッシュは、北朝鮮の隠し金融口座を暴いたうえで資産凍結という制裁を実施。困り果てた金正日総書記は、当時の小泉純一郎総理との首脳会談に応じざるをえなくなる。金融を使った圧力は、それほど絶大なのだ。

同記事はさらに、ファン・サラテ元財務次官補の発言を紹介している。それによると、アメリカの「金融力」の本質は大きく三つあるという。①アメリカの経済力、②ドルの準備通貨の地位、③お金を仲介するニューヨーク市場の魅力、だ。

〈これらをテコに他国や企業、組織などに影響力を及ぼす「金融説得力（financial suasion）」こそが、金融力の正体だとサラテ氏はみる。

例えば、イランが石油を輸出したい。だが取引に使われるのは基軸通貨のドル。決済はウォール街のマネー・センターバンクとニューヨーク連銀を通じて行われる。取引にかかわる情報は丸裸になるし、米政府が「イランと取引すべからず」と決めれば誰も手を出したがらない。国際業務を手がける銀行にとって、米国で営業を続けられるかは死活問題だからだ〉

同記事でも触れているが、投資銀行家のジェームズ・リカーズが書いた『通貨戦争』（朝日新聞出版）という世界的ベストセラーがある。二〇〇九年、アメリカ政府は金融戦争のシミュレーションを行なっていたらしい。すでにその段階で、主導したのは財務省ではなく国防総省だった。そこには同省の高官をはじめ民間から著名なシンクタンクの研究員たちが参加し、リカーズもその一人だった。

テーマはもちろん、金融を安全保障上の道具としてどう使うか。同記事によれば、〈通貨価値の変動でインフレを引き起こしたり、ファンドを使って市場をかき乱したり、とさまざまな戦術が議論された〉という。

以前、私は防衛省の元幹部にこの記事の真偽について尋ねたことがある。その回答は「ほぼ間違いない」だった。

いまや軍人は、地政学などはもちろん、金融のなんたるかも深く理解しなければならない。日本も外交官と自衛官の幹部教育課程に国際金融のことを組み込み、できれば国際金融機関での研修も義務づけるようにすべきだ。金融もまた、戦争、外交の有力な手段になっていることを軽んじてはなるまい。

以上、戦時における「DIME」についてざっと説明してきた。「D」「I」「M」「E」のそれぞれがどういうものか、なぜ世界有数の軍事大国であるロシアが小国ウクライナとの戦いに苦戦しているのか、おおよそのイメージをもっていただけたのではないか。

次章では、このDIMEという観点から、現下の国際情勢にあって日本企業はいま何を知っておくべきなのか、という点に議論を展開していこう。

第6章

企業が知るべき「経済安全保障推進法」

第一の狙いは「経済的嫌がらせ」に対抗するため

意外かもしれないが、国際政治の動向に敏感な企業経営者は決して少なくない。ビジネスが国際化してきて、外国の紛争や国際政治の動向に少なからず影響を受けるようになってきているからだ。

日本貿易振興機構（JETRO）が二〇二二年十一月に発表したアンケート調査によれば、八割の日本企業が「経済安全保障」を経営課題であると認識している。日本の経済安全保障を論じるうえで外せないのが、これまでに何度も登場している「経済安全保障推進法」だ。

岸田政権が二〇二二年五月に成立させたこの法律は、文字どおり安全保障の観点から、つまり、有事や緊急事態においても経済をいかに維持するのか、また、敵対国による産業スパイから日本の技術をいかに守り育てるのかという観点で、包括的な対策を強化するためのものである。

経済安全保障推進法は四本の柱で成り立っている、と説明されることが多い。①サプライチェーン（供給網）の強靭化、②基幹インフラ（社会基盤）の機能維持、③特許の非公開化、④技術基盤の確保、である。

米中の経済や技術分野における覇権争いがこの背景にあるのは、あらためて述べるまでもない。半導体の確保や機密情報の保護、技術の海外流出を防ぐ仕組みなど、日本が国際社会において優位な立場を確保するため、国内体制の整備を促進しようというわけだ。

近年、この経済安全保障関係で企業の経営者相手の講演が増えている。講演後の懇親会などで意見交換をしていると、世界の大勢、そして日本政府の意向についての質問が多い。

「アメリカと中国の対立は今後、どうなっていくのか」
「日本政府は、中国相手のビジネスを今後、どう考えているのか」
「日本政府の経済安全保障推進法の狙いはどういうものか」

こうした疑問に対し、私はこの法律には大きく三つのテリトリーがあると説明している。

第一は、「エコノミック・ステイトクラフト（経済的嫌がらせ）」への対抗だ。

たとえば、中国が日本政府に対して「中国企業とビジネスを続けたければ、靖国神社を参拝するな」と脅しをかけてきたとする。実際に輸出入を規制する、進出した日本企業に難癖をつけて多額の罰金を課すなどのケースが想定されるだろう。実際に中国は日本のみならず、台湾やオーストラリア、さらには台湾に貿易事務所（リトアニア貿易代表処）を出したリトアニアなどに対しても、同じような脅しをかけている。

これに対し、アメリカのトランプ政権は「目には目を」で立ち向かった。アメリカ政府の調達から中国系企業を排除すると脅したり、産業スパイの取り締まりを強化したりするなど、やはり経済を使って中国を牽制したのだ。日本の政治家にそれだけの決断をくだせるかどうかは世論次第だが、少なくとも相手国の経済的嫌がらせに屈しないような、もしくはさせないような視点から今回の法整備を行なったことは確かである。

わかりやすい例が、中国からの輸入に頼っているレアアース。電気自動車などに使われるモーター用磁石や自動車用の排ガス触媒などに使用されており、もし中国が輸出を止めれば日本企業は大いに困ることになる。一方、産業のコメといわれる半導体の生産にはフォトレジストと呼ばれる化学薬剤が欠かせないが、その生産量は日本企業だけで世界シェアの九割を占める。

したがって、もし中国がレアアースを使って日本に嫌がらせを仕掛けてきたら、日本はフォトレジストなどを使って対抗措置を打ち出せばよい。フォトレジストにかぎらず、こうした重要な産業を国内に数多くもつこと、それを支援して技術開発を促進すること、買収やスパイ活動から守ることなど、政府として取り組むべきことはいくつもある。

言い換えれば、日本企業が有している独自の技術は今後、大きな武器となる。これまで以上に日本政府もそれに注目し、支援する方向で政策を立案していくかたちになるだろう。

あるいは、レアアースはオーストラリアやブラジルなどでも産出される。中国の代替として、これらの国と共同開発を進めるなどの施策も考えられる。要するに、サプライチェーンの再編だ。

これらがうまくいけば、中国もなかなか嫌がらせを仕掛けにくくなる。あるいは仕掛けられても、大きな痛手は受けないで済む。政治的緊張や軍事的緊張を高めずとも、対抗手段は打ち出せるのだ。これも「ＤＩＭＥ」の発想の一つである。

産業競争力の強化には規制緩和の観点も忘れずに

第二は、我が国の経済の強靭化と産業競争力の強化だ。エネルギーや食糧、防衛装備品（武器）などを他国に依存していると、有事の際に供給不安に陥る恐れがある。

コロナ禍が始まったころ、市場からたちまちマスクが消えたことは記憶に新しい。ほとんどを中国からの輸入に依存していたから、そうした事態に至ったのだ。同じことが、エネルギー領域などでも容易に起こりうる。

したがって、国民生活が営まれるうえで重要なものは、自国内である程度賄えるようにしなければならない。それが経済の強靭化であり、そのためには産業競争力を維持・強化する必要がある。平時からビジネスとして成り立たなければ、市場原理によって外国企業に淘汰《とうた》され、退場を余儀なくされるだけだからだ。政府が補助金を出して国内での生産を増やせばよいという単純な話ではないのである。

では、産業競争力の源泉は何か。それは技術力にほかならない。技術は日々進化している。あらゆる機器の基幹である半導体はもちろん、すべての産業において技術の停滞は国の競争力を弱めることにつながる。それを避けるためには、つねに最先端へのアップデートを繰り返さなければならない。それを企業や業界に任せるのではなく、国としてどうサポートし、テコ入れするかが問われているのだ。

とはいえ、こちらも単純に国が補助金を出せば技術力が高まるとはかぎらないのが難しい点である。歴史を鑑《かんが》みても、将来、どの技術が重要になるのか、政治家、官僚たちが適切に判断できる可能性は低い。あるいは、政府による過度な規制が技術開発を妨げている場合もある。ドローンなどがその例だ。日本の技術開発力を強化するためには、「政府の過度の規制を緩和し、自由に研究・開発させる環境を整える」という観点から、規制改革を進める視点も併せてもっておきたい。

世界トップレベルの製造強国を本気でめざす中国

第三は、中国主導の国際秩序形成への対抗だ。

これは、工業製品や通信などの規格を考えればわかりやすい。現在はどの分野でもだいたい欧米の規格が世界標準となっているが、もし中国が巨大な経済力や影響力を背景に、自身の規格をゴリ押ししてきたらどうなるか。

たとえば、世界の医薬品業界を中国が牛耳ったとして、日米欧のメーカーがどれほど優れた医薬品を開発しても、中国の認可をもらわなければアジア・アフリカ諸国で流通できなくなったとする。こうなると中国だけが利益を独占し、日米欧は技術も販売網も吸い取られる。

あくまでも仮定の話だが、ありえないことではない。

中国は本気で世界トップレベルの製造強国をめざしている。日本の経済産業省が発行する『通商白書２０２２』には、中国政府が二〇一五年に公表した「中国製造２０２５」が紹介されている。

「中国製造２０２５」とは、中国を世界の製造強国に導くための産業政策で、二〇四九年までに三段階の戦略目標が設けられている。

第一段階：二〇二五年までに「製造強国への仲間入り」

第二段階：二〇三五年までに「世界の製造強国の中等水準へ上昇」

第三段階：二〇四九年（建国百年）までに「総合的実力で世界の製造強国の先頭グループへ躍進」

併せて、そこで指定されているのは一〇の重点分野だ。

①次世代情報通信技術産業
②ハイエンド工作機械とロボット
③航空・宇宙用設備
④海洋行程設備・ハイテク船舶
⑤先進的軌道交通設備
⑥省エネ・新エネ自動車
⑦電力設備

⑧　農業用機器
⑨　新材料
⑩　バイオ医薬・高性能医療機器

『通商白書2022』によれば、この「中国製造2025」公表後の中国政府による補助金の動向を調査した結果、以下の点が判明したという。

第一に、二〇一五年の「中国製造2025」の公表後、全体に占めるこの一〇分野向け補助金のシェアが上昇している。

第二に、一〇の重点分野のなかで、とくに「次世代情報通信技術産業」「バイオ医薬・高性能医療機器」に対する補助金が大きく拡大している。

第三に、その補助金は国有企業だけでなく、民営企業にも投じられている。とくに太陽光発電装置について同様に集計すると、民営企業への補助金が拡大していることがわかる（世界の太陽光発電装置の多くが中国産であるのは、決して偶然ではない）。半導体については民営企業も伸びているが、国有企業がそれ以上に大きく伸びている。

第四に、補助金が赤字補塡を果たしている可能性が高いだけでなく、研究開発や設備投資を促進している。

要は、中国政府主導で、この一〇の重点分野に対するテコ入れが始まっていて、各分野で中国が国際市場での主導権を握ろうとしているのだ。

日米欧は基本的に自由主義圏なので、世界各国、各企業の意向が尊重される。しかし中国は、中国共産党の意向が絶対だ。国際市場のシェアを牛耳るようになれば、中国共産党のルールを世界に押しつけてくる恐れがある。

この動きに対抗するには、自由主義圏内で連携する必要がある。半導体をはじめとするさまざまな工業製品や通信、医薬品などについて、自由主義国主導で共通ルールを定めて世界標準化するということだ。たとえば二〇二一年九月に開催された第二回ＱＵＡＤ（日米豪印戦略対話）では、「技術の設計・開発・ガバナンスおよび利用に関する日米豪印原則」なる声明が採択された。自由主義的な価値観を共有しながら、技術開発などで協力し、さらに仲間を増やして世界のルールをつくっていこうという趣旨である。

つまり、経済安全保障を端的に表現すれば、それは存在感を高める中国とどう対峙し、法の支配、人権尊重、自由貿易に基づく経済的繁栄を確保するかという枠組みなのだ。

とはいえ、それは軍事や外交だけで対処できることではなく、日本単独で全うできるものでもない。国家の基盤である経済を含めた「DIME」で総合力を高め、なおかつ価値観を共有する自由主義陣営の国家と歩調を合わせて戦うことが求められる。孤立外交では、日本の国益を守ることはできないのだ。

日本は経済安全保障担当大臣を置いた初めての国

経済安全保障推進法の制定に向けた政府の取り組みは、二〇二〇年四月、第二次安倍政権下で国家安全保障局に経済班が設置されたことから始まった。

翌二〇二一年六月には、菅政権下の「経済財政運営と改革の基本方針2021（骨太方針2021）」において、先に述べたような概要が固まった。

それに基づき、同年十月に発足した岸田政権は経済安全保障担当大臣を設置。所信表明演説でも、「経済安全保障推進法案」の策定を明言している。翌十一月にはすべての大臣が出席する「第一回経済安全保障推進会議」が行なわれるとともに、実務を担う「経済安全保障法制準備室」と、専門的な見地から議論する「有識者会議」が設置された。

注目すべきは、「経済安全保障推進会議」の設置だろう。安全保障に関して、全大臣が出席する会議はこれが初めてだ。経済安全保障はすべての省庁がかかわるということで、それも総理がトップダウンで指示を出すのではなく、各省庁がそれぞれの立場でどのような問題に取り組むか、自分たちに何ができるかを考えさせて発表させる。

安全保障の問題となると、とかく日本政府は消極的だ、アメリカのいいなりだという批判がなされる。しかし、岸田政権が本腰を入れて取り組んだことは間違いない。内閣に経済安全保障担当大臣を置いた国も、じつは世界で日本が初めてだ。

あまり知られていないが、こうした法整備や会議の設置などが始まる前から、経済安全保障についてはいくつかの策が講じられてきた。先のフォトレジストもその一つで、半導体を確保するため、重要な産業や企業の保護、先端技術の実用化に向けた支援などを行なっている。

あるいは産業スパイ対策についても、たとえば、日本の研究機関や大学が外部から資金提供を受けて研究開発等を行なうことはよくある。だが、その資金の出し手の大本が人民解放軍であったりしたら要注意だろう。それを避けるため、研究機関などに対し、資金提供元の情報開示を求めるようになっている。

研究機関などは数多くの留学生を受け入れている。なかには、原発関連や兵器関連など重要技術の研究所に配属される留学生もいる。もちろん留学生が産業スパイとはかぎらないが、可能性がゼロとも言い切れない。

実際、米欧でスパイ活動を行なっていた者が日本に留学生として堂々と入り込んでいたような例もある。そこで米欧と連携し、そのような人物をリストアップして水際で食い止めるような策をとりはじめている。憲法に記された「学問の自由」との関係で、外国人留学生というだけで日本の大学の研究室から排除することは難しいが、少なくとも実態をきちんと調査するようになりつつあるのだ。

学問の自由は大切だ。しかし「日本を攻撃できるミサイルなどの最新技術を、中国や北朝鮮、ロシアなどに流出させてよいのか」という問題意識のうえで、世論の動向を見ながら日本政府として対策を進めていくことになるだろう。

アメリカ、EU、イギリスと歩調を合わせた戦い

それでは、この経済安全保障という観点で、各国との連携はどの程度進んでいるのか。

それを端的に示す一覧が、二〇二一年十一月に開かれた第一回経済安全保障推進会議に提出された資料のなかにある。

まず着眼すべきは、例として挙げられているのが、アメリカ、EU、イギリス、中国の四カ国・地域のみということだ。つまり現状においては、世界約二〇〇カ国のうち経済安全保障を主導しているのは日本を含めた五カ国・地域ということになる。日本を世界の五分の一の勢力と考えれば、日本の出方は世界の経済安全保障の情勢に大きな影響を及ぼす。

もちろん日本は、アメリカ、EU、イギリスと歩調を合わせている。図式としては、「アメリカ、EU、イギリス、日本の四カ国・地域」と、「中国が進める一帯一路政策」との覇権争いだ。世界の経済、金融、通信のルールをどちらがとるか、そのせめぎ合いが繰り広げられているのである。

もっとも、アメリカ、EU、イギリスがいずれも軍主導で経済安全保障に取り組んでいるのに対し、日本は軍事の専門家ではない経済産業省がそれを主導してきた。そのため、現状の日米関係だけで考えても、日本の経済産業省とアメリカの国防総省がうまく連携できているとは言い難い。そのギャップをどう埋めていくかが、今後の課題になるだろう。

ちなみにアメリカは、トランプ共和党政権時の二〇一八年、年間約八〇兆円の国防予算の大枠を決める国防授権法のなかに、輸出規制の強化など対中強硬策を数多く盛り込んでいる。翌二〇一九年には、中国の大手通信機器メーカー・ファーウェイなど五社の製品やサービスの政府調達を禁止して話題を呼んだ。二〇二〇年には、五社の製品を使っている企業からの政府調達までをも禁じるという徹底ぶりだ。

その動きは政権交代後も変わらず、バイデン民主党政権下の二〇二一年には、半導体のサプライチェーン強化を図るため、アメリカ国内の工場・開発拠点への多額の支援策を盛り込んでいる。

一方で中国も、「軍民融合」「中国製造2025」「輸出管理法」「外商投資安全審査弁法」から「外国法の域外適用阻止弁法」「反外国制裁法」「データセキュリティ法」など次々と政策や法律を打ち出し、経済安全保障の強化を図っている。いずれも表向きは政府の主導だが、中国の場合は政府の上に人民解放軍があり、軍の上に中国共産党がある。実質的には党と軍の主導で行なわれているといえよう。

見方を変えれば、中国もまた、党と軍の主導でありながら軍事一辺倒ではなく、外交、インテリジェンス、そして経済の要素を採り入れて国家戦略を練っていることがわかる。やはり「DIME」で動いているわけだ。

経済安全保障推進法で産業界や企業はどう変わるか

従来の安全保障は、省庁でいえば、主に外務省や防衛省の管轄だった。しかし経済安全保障は、先述のとおり全省庁が役割を分担することになる。それは、私たちの日常生活や仕事にも大きく関連があることを意味する。

とくに「経済」と銘打っている以上、産業界や個々の企業は対応を迫られる。場合によっては個人の業務にも影響を及ぼすだろう。

では、具体的にどこがどう変わるのか。その論点は経済安全保障推進法の条文を細かく読み解くよりも、成立前に開かれた「第一回経済安全保障法制に関する有識者会議」（二〇二一年十一月二十六日）の議事録を振り返ったほうがわかりやすい。

それによれば、論点は大きく四つある。

論点① 規制強化と自由貿易のバランス

一つ目の論点は、民間企業にどこまで規制をかけるかという問題だ。

経済安全保障は、特定の製品の輸出を制限したり、技術を盗まれないように管理を徹底したりなど、どちらかといえば規制強化の話が中心になる。しかし、規制一辺倒では民間企業にとって負担にしかならない。規制強化によってコストが増えたり、ビジネスチャンスを逃すような事態は避けたいところだ。

対中国という意味でいうと、日本の対中貿易は年々増え続けている。米中貿易も同様だ。それだけ中国はお得意さまなのである。当然のこと、その取引が規制されれば利益も減少する。利益が減ることは企業にとって死活問題だし、中小企業で中国とのビジネスが減って倒産し、そこにいた優秀な技術者が中国企業に転職するなどすれば、結果的に技術流出を促進したことになってしまう。中国とのビジネスを制限すれば万事解決とはならないのだ。

そこでまず重要なのは、自由貿易の原則を堅持することである。そのうえで、中国企業との取引に規制をかけるなら、政府の責任で代替となる取引先なり販路なりを提示する必要がある。とくに日本政府に求められるのは、思い切った減税と規制改革で日本国内の市場を活性化させることだろう。対外貿易になると、やはり同じ自由主義陣営のアメリカやＥＵ、次いでＡＳＥＡＮやその他の国・地域が想定される。もちろん企業の自助努力にもよるが、政府による誘導や仕組みづくりも欠かせない。

併せて、規制対象の明確化や規制内容の国際協調も必要だ。先述のとおり、アメリカやＥＵなどと情報を共有し、足並みを揃えることは不可欠だが、それは抜け駆けや、逆に置き去りにされることを避けるという意味でもある。日本だけ規制を厳しくして、他国企業にシェアやビジネスチャンスを奪われるようなことがあってはならない。

ましてや米欧の場合、政権交代によって方針が変わることも少なくない。これも、政府が責任をもって調整するように求めたいところだ。

論点② 国際協調しつつ、競争力強化を

二つ目の論点は、鎖国主義ではないということだ。国際ルールづくりを主導できなければ、後塵《こうじん》を拝するばかりで、利益を上げることが難しくなる。

たとえば一九九九年、日本の携帯電話にはNTTドコモが開発した接続サービス「ｉモード」が搭載され、国内シェアを席巻した。最先端の技術が投入された画期的なシステムだったが、これは日本独自の技術であり、世界標準を獲得できず、その後に現れたｉＰｈｏｎｅなどの台頭によって国内シェアさえも失い、サービスを終了することになった。

これは技術の問題というよりも、国際社会に対する発言力の問題だ。日本政府が「ｉモード」を国際通信規格の一つとして国際社会に売り込んだりしていれば、状況は変わっていたかもしれない。よって、こうした国際的なルールづくりに関与できる政治家、人材を育てることが急務であり、そのためにも産官学が協力し、開かれた国際人の層を厚くしなければならない。

また、「経済安全保障」の名のもとで中国との対峙姿勢を強めると、それがアジア諸国に閉鎖的

なメッセージとして伝わる恐れがある。第二次安倍政権が提唱した「自由で開かれたインド太平洋」構想に逆行するのではないか、との懸念が広がりかねないのだ。ましてや日中はアジアのツートップであり、アジア諸国にとっても日本か中国かという選択を迫られるのは困るはずである。余計な緊張をもたらすことは、日本にとっても得策ではない。

そこで重要なのは、これらの国に対する丁寧な説明だ。強調すべきは、中国と「対立」しているのではなく「競争」しているということ。自由さと豊かさを享受したいなら、日本と組んだほうが得ですよ、あるいは中国と組むと損をしますよ、とアピールしなければならない。サイバー攻撃によって莫大な富を掠《かす》め取られかねない昨今、満たすべき基準を上げて品質の安全を保障した日本の通信機器を使ったり、協力してセキュリティを高めたりしたほうが合理的ですよと訴えることも重要で、それも経済安全保障の一面である。

つまり、経済安全保障は民主主義と繁栄を守るための土台になる。そう訴えることで、アジアに仲間を増やしていくためのポジティブなツールになるはずだし、そのための予算もじつは計上されるようになった。

二〇二二年七月、外務省が公表した「2023年度概算要求の概要」によれば、〈太平洋島嶼《とうしょ》国を含む開発途上国の経済的自律性の向上、日本及び開発途上国のサプライチェーン強靭化に資する支援〉という項目があり、中国に対抗して日本が、質の高いインフラ整備や海上保安能力構築の支援を行なう予算がつけられた。

また、〈経済的威圧への対応に関する調査に必要な経費〉という項目も追加された。中国は巨大経済圏構想である「一帯一路」のもと、途上国へのインフラ整備を支援してきた結果、いまや多くの国が中国に対して巨額の債務を抱えていて、その総額は九〇兆円を超えるといわれている。しかも、中国の対外融資は不透明かつ不公正であるとして、国際社会でも問題視されるようになってきた。

代表例が、スリランカの「債務の罠《わな》」だ。インド洋の要衝であるスリランカのハンバントタ港は中国の投資によって整備されたが、巨額の債務返済に窮したスリランカは二〇一七年、運営権を中国企業に譲渡し、事実上、「中国の港」と化した。

中国は経済支援を使って「経済的に威圧」し、相手国の港湾施設などを軍事利用しようとしているのではないか――。そうした疑念から日米欧などの先進国は、途上国の債務問題に取り組むようになった。中国による「経済的威圧」の実態を調査・解明し、国際ルールに違反した債務を帳消しにするか、契約条件を修正するように中国に求めるようになったのだ。

二〇二二年十一月十二日、カンボジアで開催された日本とＡＳＥＡＮによる首脳会議でも、この「経済的威圧」が話題になった。岸田総理が経済的威圧への深刻な懸念を表明したからである。いつもならば口先だけの話だが、外務省は今回、「経済的威圧」の実態を調べるインテリジェンス予算を計上した。外交と経済とインテリジェンスを組み合わせた戦略的外交は、すでに動き出しているのだ。

論点③ 中国に進出する日本企業に「安心」を

三つ目の論点は、中国に進出している日本企業の事業に支障が出ないようにすることである。中国はいまや世界第二位の経済大国であり、日本との距離も近い。先に述べたとおり、日中貿易額も年々増加傾向にある。

これをすべて遮断することは現実的ではない。

重要なのは、米欧と協議をしながら日本政府がきちんと線引きをすることだ。経済安全保障の観点から、何をしてはいけないかというレッドラインを示す必要がある。たとえば、レアアースや化石燃料の輸入や単純な民生品の輸出であれば、なんら問題はない。しかし軍事転用の可能性がある重要技術や製品については輸出を止める必要がある。それは具体的に何を指すのか、あらかじめリストアップしておくのだ。リストがあれば、企業は安心して事業展開を図ることができる。

そのうえで、この論点は「DIME」でいえば「E」ではなく、「I」にかかわってくる別の意味ももっている。

中国と経済面で競争する以上、中国の内情を知ることは不可欠だ。景気がよいのか悪いのか、経済は成長しているのか鈍化しているのか、金利や不動産価格はどうなっているのか。それらの情報を入手して分析することは、経済のみならず、習近平体制の今後を占ううえでも重要である。

たとえば経済の停滞が続けば、そのマイナスを打開するためになんらかの政治的緊張が強まるかもしれない。経済動向は政治・軍事に少なからずかかわってくる。しかし中国当局の発表する経済統計はいい加減なことで有名で、少なくともその数値から中国経済の真の様子を探ることはできない。

比較的信頼できるとされているのが、通称「李克強《りこくきょう》指数」というものだ。これは鉄道貨物輸送量、銀行融資残高、電力消費の推移の三つから算出した数値のことで、国務院総理（首相）を務めた李克強が遼寧省《りょうねい》の共産党幹部だったころ、「遼寧省のGDP成長率より信頼できる」と語ったとされていることから、この名がある。

だが、この数字もどこまで正確かは定かではない。そこでより重要になるのが、中国に進出している外国企業のデータである。たとえば、中国の工場で生産した日本メーカーの製品をアジアやアメリカなどに向けて発送する日本資本の物流企業がある。彼らは当然、正確なデータをもっているので、そこから照らし合わせれば当局の数字が妥当かどうかを判断できる。

念のために付け加えれば、これはスパイ行為ではない。とくに上場企業であれば、事業の実績データを公開するのは当然だ。そうしたデータを使って分析するのがインテリジェンスなのである。そのためにも、政府主導で対外インテリジェンス機関をつくることが望ましい。

すでにアメリカは同様の情報収集を行なっている。中国国内のアメリカ車の販売実績から、どの地域で売れているか、前年と比べてプラスかマイナスかなどのデータを集め、景気動向を分析しているという。ただし、いかに同盟国とはいえ、アメリカがその分析をすべて日本に提供してくれるとはかぎらない。日本は日本で、独自の情報収集と分析が欠かせないのだ。

論点④「安全保障技術立国」をめざせ

四つ目の論点は、安全保障技術立国をめざすということだ。

一九八〇年代まで、日本は技術立国を標榜していた。家電にしろ、自動車にしろ、半導体にしろ、モノづくりに関して世界のマーケットを席巻していた。

ところが一九九〇年代以降、円高に伴うバブル崩壊と新興国の台頭によって後退し、当時の勢いを失ってしまった。しかし、先端技術については日本にもまだまだ競争力がある。それを足がかりに技術立国の復活をめざすことは、国益にも適《かな》う。

ただし今日の国際情勢を考えれば、技術立国だけでは不足がある。そこに安全保障の視点も加えることが不可欠だ。これからは科学技術こそが経済安全保障の基盤になる。市場競争で優位に立てるだけではなく、外交カードにも、軍事転用という意味では戦力にもなりえる。

日本は敗戦後、軍事アレルギーがはびこり、大学は意識的に軍事を排除してきた。日本学術会議に代表されるように、アカデミズムや大学は国家の安全保障や防衛について考えるべきではないし、協力すべきでもない、という議論が主流だったのだ。今日でもそうした意見は根強いが、それは先述したように、敗戦後、軍事、インテリジェンス、安全保障、地政学といった「独立国家の学問」を廃止されてしまったことと関係がある。

軍事をタブー視した大学の影響で、霞が関、つまり各省庁にも軍事、インテリジェンス、安全保障などに理解がある官僚はそれほど多くなかった。しかも防衛省と外務省以外は、安全保障など無縁であったため、安全保障などについて学ぶ必要もなかった。

だが、第二次安倍政権のもとで国家安全保障戦略が策定され、岸田政権のもとで経済安全保障推進法が制定され、すべての省庁が安全保障にかかわらざるをえなくなった。より正確にいえば、国家安全保障戦略を念頭に政策の推進を義務づけられることになった。霞が関の官僚たちはあらためて、軍事、外交、安全保障などについて学ばざるをえなくなったのだ。

独立国家の学問を忌避した「戦後レジーム」は終わり、普通の独立国家と同じく国家の安全保障を考えて政治を行なう時代が到来した。政治家のみならず、霞が関の官僚たちも自己改革を迫られつつある。さらにはいずれ、それもそう遠くない将来、民間企業も国家の安全保障を踏まえて企業活動を行なうべき時代がやってくる。経済安全保障推進法は、その「予告」ともいえるものだろう。

軍事技術に関する「インテリジェンス機関」を創設せよ

以上が、経済安全保障推進法の四つの論点だ。これは決して「お国のために働け」ということではない。あくまでも自由な経済活動が前提で、それぞれが利益の極大化をめざすのは当然である。

ただし、国益や自由主義圏の利益を損ねるような動きをすると、結果的に自分も損をする。むしろ国の方向性をうまく利用すれば、それ自体が利益の増大に結びつくということだ。そのためには、日本がこれからどういう方向に進もうとしているのか、個々の企業もより関心を払う必要がある。

政府は今後、この四つの論点に沿って同法の具体化を進めていくことになる。官民連携のシンクタンクを創設し、どの企業がどのような重要技術をもっているかを精査することが第一歩。そのうえで、その技術をさらに発展させるために、国としていかなる支援を行なえばよいのかを検討していくことになるだろう。

この調査を行なうシンクタンクは、経済と安全保障に関する専門的なインテリジェンス機関としての役割を担う。手本になるのが、アメリカのＤＡＲＰＡ（ダーパ＝国防高等研究計画局）だ。国防総省の一部局で、軍事に使えそうな最先端の研究開発に対し、莫大な国家予算をつけて支援していく組織である。

もしＤＡＲＰＡに匹敵する機関が日本に誕生したら、それ自体が画期的といえる。問題は、この組織がどこに置かれるのか、ということだ。扱う内容が軍事技術であることと、アメリカのＤＡＲＰＡという国防総省の一部局とも連携することを考えれば、防衛省に置かれることが望ましい。

「ＤＩＭＥ」でいえば、戦後の日本はずっと「Ｍ」と「Ｉ」が極端に弱かった。同法によってそのピースを補うことができれば、いよいよ「ＤＩＭＥ」が揃うことになる。日本という国のありようや、霞が関の文化が、これを機に大きく変わるだろう。私はそう期待しているし、そうなるように努力したいと思っている。

次章では、本章を踏まえてＤＩＭＥの時代のなかで日本企業は具体的にどんな視点をもち、どう振る舞うべきかについて、さらに解像度を上げた議論を展開していこう。

第7章

「有事対応」は日本企業の社会的責任だ

まだまだ緊張感も情報も不足している日本企業

二〇二二年も暮れのある日、私はある県で複数の大手企業の経営陣の方々を前に講演を行なった。テーマは「国家安全保障」。中国、北朝鮮、ロシアという近隣の核保有国の最新動向について述べるとともに、民間企業も有事への備えが欠かせない、というお話をさせていただいた。

そもそも講師として私に白羽の矢を立てたこと自体、主催された企業の方々はかなりの危機感を抱いておられたのであろう。講演会後に開かれた懇親会の場で、ある不動産業の方から伺った話からも、それは明らかだ。

その方によれば、アメリカの大手IT企業が、ある場所に拠点の新設を計画しているらしい。ビジネスとしては大チャンスだが、その交渉の際、そのIT企業幹部は次のような質問を投げかけてきたという。

「朝鮮半島や台湾で有事が起きたとき、貴社はどういう対応をされますか」

これらの地域は、いつ、何が起きてもおかしくない状況にある。もし有事となれば、まず考えられるのは避難民が殺到することだ。そのとき、不動産業者としてどう対応するのか、自治体や国とはいかなる連携を考えているのか。あるいはこの地にミサイルが降り注ぐような状態になったとき、従業員をどう避難させるのか、国外脱出のルートは確保できているのか……。

グローバルにビジネスを展開しているアメリカのIT企業は、リスクマネジメントの一環として、地政学リスクもシビアに捉えているのだ。有事のみならず、企業経営に種々のリスクはつきもので、それを恐れていては何もできない。重要なのは、いざリスクに直面した際にどう冷静に判断し、対処し、場合によってはビジネスチャンスに変えられるのか。そのためには、事前の情報収集と備えが欠かせない。一民間企業であっても、地政学を無視できない時代になったということだ。

その点において、日本企業はまだ緊張感も情報も不足しているといわざるをえない。件《くだん》の不動産業の方も、IT企業幹部から矢継ぎ早に質問されたとき、十分に答えられなかったという。それも当然で、普通の民間企業に国際政治、軍事の専門家がいるはずもない。あわてて調べようとしたが、防衛省や総理官邸のホームページを見てもよくわからない。中国や北朝鮮の脅威を煽る本や記事は多数あるが、では、どうすればよいかを説いたものは見当たらない。国家安全保障を担当する部局を置いている地方自治体などあるはずもなく、動きは鈍い。だから、私を呼んで最新の話を聞いてみようということになったようだ。

政府も有事を想定した法整備を進めるいま、多くの企業やそこで働く人々にとって、もはや安全保障の問題を〝対岸の火事〟で済ませることはできない。「DIME」になぞらえていえば、「E」を高めるために、「D」も「I」も「M」も踏まえて事業計画を考えていかなければ、生き残れない時代が到来しつつあるのである。

現時点でもっとも安全にビジネスができる国はどこか

直近に目を向けるなら、安全保障上の世界的な関心事はやはりウクライナ戦争だ。その緊張感は、当然ながら日本よりもヨーロッパのほうがはるかに高い。

かつてロシアと対峙した北欧やポーランド、旧ソ連に独立を奪われていたバルト三国は戦々恐々としているし、EUの盟主でありながらエネルギーをロシアに依存しているドイツも股裂き状態にある。ウクライナと国境を接し、かつ避難民を大量に受け入れているポーランドの一部地域では、ロシアによる核攻撃を想定してヨウ素剤の配布が行なわれている。

ヨーロッパ全土にまで戦線が拡大するかどうかはともかく、この戦争が続くかぎり、ヨーロッパ全体の経済は低迷するだろう。

一方で、極東地域も朝鮮半島有事や台湾有事の危険性が高まっていて、決して平穏とはいえない。ならば現時点において、もっとも安心してビジネスができる場所はどこか。アメリカ以外に考えられないだろう。

だからウクライナ戦争以降、アメリカのドルは対ユーロ、対円で急速に上昇した。資産としてもつという意味でも、取引に使うという意味でも、現時点ではドルがもっとも安全・安心なのだ。世界中の企業や資産家のマネーがユーロや円を避け、ドルに集中している。経済は国際情勢とつねに連動している。昔から「有事のドル買い」といわれているが、今日もそれが実証されたことになる。

もちろん、アメリカにも問題は山積している。BLM（ブラック・ライブズ・マター）に象徴される差別や格差、暴動は一向に減らないし、銃社会がもたらす悲惨な事件も日常茶飯事だ。

昨今は、コロナ対策としての大規模な財政出動の影響でインフレが加速し、世界を牽引してきた経済も勢いを失いつつある。とりわけネックになっているのが人件費の高騰で、たとえばニューヨークでは驚くべきことに、いまや時給三〇〇〇円が当たり前だ。それでも日本企業としてアメリカに進出すべきか、あるいはアメリカの拠点を維持すべきか、難しい経営判断を迫られている経営者も多いだろう。

いずれにせよ、ビジネスは国際情勢に翻弄される。ましてや、有事はいつ何時起きるかわからないし、それ自体から逃れることもできない。重要なのは、その際に降りかかる火の粉を最小限にとどめること。当たり前の話だが、それには国際情勢、地政学的リスクを的確に見極める必要がある。

アメリカの戦略に盲従し、〝眠れる獅子〟を起こした日本

経営判断という意味では、中長期的な目線も必要だ。私は経済界を対象にした講演を全国津々浦々で行なっているが、そうしたなかで、ある大手メーカーの重役の方から、じつに興味深い感想を聞いたことがある。

話はいまから五十年前、一九七〇年代に遡る。アメリカのリチャード・ニクソン大統領が突如として中国を訪問して以降、朝鮮戦争で冷え切っていた両国の関係は一気に緩和へと向かった。アメリカは最大の強敵であるソ連の弱体化を狙い、同じ共産主義国の中国を自由主義陣営に引き込んで、中ソの分断を図ろうとしたのである。

その一環として行なわれたのが、まだ発展途上国であった中国への経済支援だ。アメリカの同

盟国である日本もその意向を汲《く》んで、一九七九年から中国に対するＯＤＡ（政府開発援助）を開始した。そこには円借款のような金銭的な支援のみならず、重化学工業関連の技術供与も含まれていた。

問題はここからで、その後、中国は日本の資金と技術を吸収して急成長を遂げ、いまや日本を抜いて世界第二位の経済大国にのし上がった。なんらかの恩返しがあってもよさそうなものだが、それどころか中国は安価な労働力や豊かな資金力を背景に、日本のあらゆる産業を脅かす存在になっている。

それに加えて自由主義陣営に加わるどころか、共産党による独裁体制は強固なまま。膨張する経済力を背景に軍事力を増強し、アジアや太平洋地域における政治的な発言力を増していることは、本書で繰り返し述べたとおりだ。

つまり、日本や日本企業は、アメリカの国家戦略に盲従した結果、〝眠れる獅子〟を経済面から叩き起こしてしまったのである。

こうした歴史を振り返り、大手メーカーの重役の方はしみじみと語った。

「やはり日本は日本として、独自の国家戦略をもたなければいけなかったのではないでしょうか」

ここ五十年の経緯を知り、同じ思いを抱いている経済界の方は多いはずだ。第二次安倍政権は二〇一三年に初めて国家安全保障戦略を策定したが、繰り返すように、これは逆にいえば、日本は戦後七十年にわたって独自の国家戦略をもっていなかったということである。「DIME」の多くをアメリカに依存してきたわけで、そこではアメリカに従う以外の選択肢がない。そのツケをいま、国家も民間企業も支払わされている。

そこでの反省を活かすなら、民間企業は政府に対して独自の国家安全保障戦略を策定・実行するように求めるとともに、自社のなかに地政学的リスクを検討する部門、担当者を置いて、インテリジェンスを研ぎ澄ますことが重要になるだろう。

というのも、安全保障、国際政治について学ぼうとする企業経営者は多いが、自社の社員たちをその会合に参加させることはさほど多くないからだ。昨今、増大する地政学的リスクを踏まえるなら、社員たち、それも若手の社員たちにこそ、国際政治、安全保障について学ぶ機会を与えるようにせねばなるまい。

戦下でもマクドナルドが営業する強靭な国をめざせ

いざ、自国や自国周辺で有事が発生したとき、私たちの仕事や日常生活はどう変わるのか。いささか不謹慎に聞こえるかもしれないが、そのリアルなサンプルになりそうなのが、やはりウクライナ戦争である。

この戦争でまずはっきりしたのは、原則として核をもつ国同士は戦争をしないということだ。戦場は、核兵器をもたず（正確にいえば核兵器を放棄した）、NATOにも加盟していないウクライナ領内に限定され、アメリカをはじめとするNATO加盟国が戦火にさらされることは、いまのところ起こっていない。

さらに、戦争の優劣は軍事力だけでは決まらない。ポイントは「DIME」の総合力だ。軍事力で圧倒的に劣るウクライナが簡単に屈しないのは、米英をはじめとする自由主義陣営から、軍事面、財政面、インテリジェンス面での支援を受けているからである。つまり「DIME」の観点で見れば、ウクライナはロシアと同等、あるいはそれ以上の力を有しているのだ。

そしてもう一つ、一連の戦争報道を見て、いささか奇異に思ったことはないだろうか。たとえば戦場となっている東部からは、都市ごと破壊されて家族や家を失った方々の姿が痛々しく報じられている。戦争がいかに悲惨なものかを、私たちはリアルタイムで目の当たりにしている。

だが一方で、首都キーウの様子は意外にも平穏だ。ときどきミサイル攻撃を受け、電気やガス、水道といったインフラも一部は破壊されたが、市民は普通に出歩き、自動車の往来も多い。インターネットや携帯電話も使えるし、スーパーマーケットでは食料品が売られ、マクドナルドやスターバックスなども営業している。さまざまな支障はあるにしても、多くの方が通常の生活を送っている。

見方を変えれば、国家が戦争状態に入っても、支障さえなければ民間企業は通常の業務を続けられるということだ。モノをつくり、または輸入し、流通させ、販売している。戦争が始まったからといって、すべての人々の日常が途切れるわけではない。

むしろ、そうでなければ戦争を継続できないのである。たとえば、国家が食料を管理して配給制に切り替えたとすると、その手続きや国民への周知徹底だけで大混乱がもたらされるだろう。必要なものが必要なところに行き届かず、失敗に終わるのは火を見るより明らかだ。ならば、できるだけいままでどおり、民間のマーケットを維持して販売してもらったほうがよい。

要は、有事、緊急事態になっても、日常の生活を維持できるようにするため、あらかじめその方策を考えるのが政府の役割なのである。岸田政権は「安保三文書」を閣議決定し、戦争をなんとしても回避しようとする方針を打ち出したが、現在の東アジア情勢を考えれば、好むと好まざるとにかかわらず、戦争は起こりうる。

そのとき、仮にミサイルが撃ち込まれても、電気、ガス、水道や交通、通信など基幹インフラが維持され、端的にいえば、都内のマクドナルドでビッグマックセットが普通に売られているような状況が望ましい。それは、納入業者や物流業者が通常どおり稼働し、都民も身の回りに危険を感じていないことを意味するからだ。

そうした状況を確保するため、平時のうちにどういう備えが必要で、民間企業といかに意思疎通を図っておくべきか。その検討がいま、政府の国家安全保障会議などで行なわれている。これを「有事対応」という。

世界は有事対応を「軍国主義」とは呼ばない

実際に有事となれば、もちろんミサイル攻撃なども警戒が必要だが、同時に海外からの輸入が減少、または途絶することも想定される。それでも国民生活への影響を極力抑え、経済が回り続けるように備えることが重要だ。

だからこそ、二〇二二年五月に成立した経済安全保障推進法では、さしあたり一一の物資を「特定重要物資」に指定して、サプライチェーンの強靭化を図るとしている。私たちに馴染《なじ》みのあるところでは、半導体、蓄電池、天然ガス、産業用ロボット、航空機の部品、肥料などだ。

これらを扱う民間企業は、政府の要請に応じて備蓄や安定供給確保を担うことになる。そのための資金が必要なら、政府が補助金を出すスキームも整えられた。そして二〇二二年秋、令和四年度第二次補正予算案にその関連費用として、一兆三五八億円が計上された。こうした動きを「軍国主義の復活」「国家総動員法の再来」と紋切型で批判するのは簡単だろう。

しかし、これはまさに「備えあれば憂いなし」、国家として当たり前ともいえる取り組みである。たとえば日本は地震大国であり、これまで何度も大震災で甚大な被害を受けてきた。そのたびに政府は建造物の耐震性を高めたり、自治体は避難誘導計画を見直したり、企業によっては災害対応のマニュアルを作成したりしてきた。地域内や家族内でも、防災グッズを用意したり、いざというときの避難場所の確認をしたりくらいはしているはずである。

地震そのものを防ぐことはできないし、それはいつ起きるともかぎらない。そこで被害を最小限に食い止めるように備えるのは当然だ。それと同じ感覚で、ミサイルの飛来や軍事侵攻などにも備えようということである。それを世界は「軍国主義」とは呼ばない。

当然ながら、世界各国はそれぞれに備えている。有事が起きることを前提にした法体系をもち、相応の予算を組んでいる。主権国家として遅ればせながら、日本も岸田政権になって有事対応に本腰を入れはじめた。

この議論の具体化を主導しているのが、二〇二二年九月に発足した「国力としての防衛力を総合的に考える有識者会議」である。メンバーとしてシンクタンクや科学技術の専門家、金融機関、メディアのトップなどが名を連ねていることからも、いかに国民生活に近い議論が行なわれているかがわかる。

これは、私たち国民が意識改革を迫られているということでもある。「戦争反対」「対話で平和を」と叫ぶことは誰にでもできる。あるいは、いざ有事に直面してから「たいへんだ」「政府が悪い」と騒いでも、事態は好転しない。

何度も繰り返すが、現実問題としていまの極東は、いつ有事が起きてもおかしくない。そのときまでにどう備え、そのときにどう行動するか、それは国民一人ひとりの問題なのである。

危ういのはテレビ局や新聞社などの大手メディアだ

ちなみに企業や個人が国際情勢の基礎知識を得るなら、防衛省のホームページから無料で閲覧できる『防衛白書』が最適だ。日本や自衛隊の現状や日本政府の問題意識、アジアをはじめ各国軍の直近の動向などが必要十分に書かれている。決して安穏としていられる状況ではないことが、これを読むだけでも理解できるだろう。

有事の際の避難については、二〇〇四年に成立した「国民保護法」が参考になる。国家主導による住民避難の大枠を示したもので、これをもとに各自治体は具体的な国民保護計画を作成している。この計画も各地方自治体の公式サイトで閲覧できる。企業として各地の社員や顧客の生命・財産を守ろうと考えるなら、この国民保護計画を踏まえて、地方自治体の担当部局と打ち合わせをしておくべきだ。

いずれにせよ、昨今は企業も社会的責任（ＣＳＲ：Corporate Social Responsibility）を問われる時代だ。たんに利益を追求するだけではなく、あらゆるステークホルダーや環境や地域への配慮が欠かせない。どれだけ儲けていても、そうした部分を軽視している、と市場から見なされれば、たちまち信用を失って業績に影響を及ぼす。

あるいは、企業としてＳＤＧｓ（Sustainable Development Goals：持続可能な開発目標）に取り組むことも、事業を続けるための必須条件になりつつある。投資家の視点でも、いわゆるＥＳＧ（Environment：環境、Social：社会、Governance：ガバナンス）が投資の基準として重視されている。

そうした社会の一員としての役割のなかに、「国家安全保障への貢献」も追加しなければならなくなったということだ。これは企業にとって決して負担ではなく、維持・発展のためのチャンスにもなりうる。

余談になるが、日本の民間企業のなかでもきわめて危ういのは、テレビ局や新聞社のような大手メディアかもしれない。そのことは、たとえばウクライナ戦争にまつわる報道から考えればわかりやすい。

ウクライナ側からは、どの地域が被害を受けた、どの地域でロシア軍を押し戻したといった情報が日々発信されている。ただし、ウクライナ軍がどうやって反転攻勢をかける、どこを進軍しているといった報道は一切ない。それは機密情報であり、表に出ればロシア軍を利することになるからだ。つまり、それだけウクライナ当局と大手メディアの連携がきちんと行なわれているということでもある。

日本の場合はどうなるだろうか。もちろん有事となれば、政府は機密保持の観点から情報統制を敷くはずだが、大手メディアがそれを守るとはかぎらないだろう。一部メディアはむしろ「言論統制だ」と騒ぎ、軍事的な情報を得たら「スクープ」として意気揚々と報じる可能性すらある。それは日本を潰したい、敵国に媚《こ》びを売りたいといった意図からではなく、それ以前の問題として、有事における情報の重みをそもそも理解していないからだ。

そうしたマスコミ、ジャーナリストたちの浅慮によって国民に対する被害が拡大することにならないように、いまのうちに日本政府と大手メディアとが協議を行なうよう、我々国民の側が声を上げる必要がある。

国民の「知る権利」、マスコミの「報道の自由」、そして有事のときの国民の「安全確保」の三つをどう整理するか、有事に向けて議論をしなければならない課題は山積しているのだ。

第8章

日本の安全保障史の試行錯誤に学べ

「独立国家の学問」の禁止後、日本に訪れた八つの時期

本書では、そもそもDIMEとは何か、その考え方が日本の政治のなかでどう採り入れられ、政治のみならず企業にとってもいかにそれが重要になるかを縷々《るる》、述べてきた。

そのなかで都度、そうした視点をもつことができなかった日本の戦後史にも触れたが、本書を結びへと進めるにあたり、あらためて日本におけるDIMEの現在地がどのようにつくられたのか、その長大な歴史を振り返っておこう。

本章では戦後のDIMEをめぐる連綿たる試行錯誤の政治史を、その後の終章では、戦前に存在した「独立国家の学問」とは何かという例として、戦前の日本のインテリジェンス機関を取り上げる。

愚者は経験に学び、賢者は歴史に学ぶという。戦後史のDIMEをめぐる悪戦苦闘の歴史から、私たちは未来への学びを得られるはずだ。

二〇一七年八月二十九日付の首相官邸のフェイスブックに、一枚の写真が掲載された。北朝鮮のミサイル発射に際し、制服姿の河野《かわの》克俊《かつとし》統合幕僚長が、総理官邸で安倍総理と麻生太郎副総理

に報告を行なっている様子を写したものだ。

一般的には、執務の様子を紹介したありふれたスナップ写真に見えるかもしれない。だがこの一枚には、きわめて深い意味がある。この写真を初めて見たとき、私は全身に鳥肌が立つほど感動した。もちろん安倍総理も、ある種のメッセージを国民に伝えるべく掲載したにちがいない。その意味を知るためにこそ、日本の安全保障をめぐる長い歴史を振り返る必要がある。

第2章で述べたように、日本は戦後、現行憲法のもとで陸海軍とインテリジェンス機関を解体され、安全保障、インテリジェンスについて考えることを禁じられた状態から再スタートした。義務教育、そして高等教育の場などでも、軍事、インテリジェンス、安全保障にかかわる「独立国家の学問」は軒並み禁じられた。

しかしその後、米ソ冷戦をはじめとする海外の動向や国内の政治状況により、日本は議論を少しずつ前進させていく。そのフェーズを便宜上、今日まで大きく八期に分けてみた。順番に見ていこう。

第一期　憲法九条が放棄したのは武器だけにあらず

戦後の一九四七年に公布された現行憲法の第九条第二項では〈陸海空軍その他の戦力は、これを保持しない〉と明記された。

ポイントは〈戦力〉。当時の占領軍であるＧＨＱ（連合国軍最高司令官総司令部）が認めた日本国憲法英文版では、「war potential」となっている。つまり、武器・弾薬などを生産する防衛産業をもってはいけないと定めているのだ。これが意味するものは、重化学工業を含む防衛産業である。日本は、軍事だけでなく、経済も足枷《あしかせ》をはめられたである。

加えて、軍に関する法律や、インテリジェンス機関とその関連法もすべて廃止になった。ただし占領軍の手足として、治安維持機能（警察・官僚）だけは維持された。日本政府はほぼ、すべての国家安全保障機能を失ってしまったのである。

第二期　アメリカ依存の安全保障で経済再建に専念

ところが一九五〇年、朝鮮戦争の勃発によって、早くも転機が訪れる。

朝鮮半島に展開する米軍は、武器・弾薬の補給路を確保する必要に迫られた。そこで日本に「war potential」、重化学工業の復活を求めてきたのだ。これにより、日本の経済・産業は立ち直るきっかけを得た。いわゆる「朝鮮特需」である。

もう少し俯瞰《ふかん》的に見れば、ここにはアメリカの誤算があった。先の戦争で日本を屈服させ、アジア太平洋には平和が訪れたはずだったが、さにあらず。中国大陸では中国共産党が政権を握り、ソ連はアメリカへのライバル心をむき出しにして朝鮮半島を南北に分断し、その北朝鮮はついに韓国への侵攻を開始した。アメリカは日本以上に厄介な敵を抱え込んでしまったのである。

この三国と対峙するには、どうしても日本を「反共の防波堤」として味方につけ、なおかつ増強しておく必要があった。だから、対日占領政策を当初の徹底的な弱体化から一転、復興と再軍備へと切り替えた。一般に、この政策転換を「逆コース」という。

この機を捉え、戦後日本の方針を定めたのが当時の総理大臣・吉田茂だ。方針は大きく二つある。

一つは、アメリカ主導の自由主義陣営に加わること。終戦から六年後、朝鮮戦争の最中の一九五一年、サンフランシスコ講和会議において平和条約に調印し、日本は米軍の占領から解放されて独立を果たす。ただし、この条約にアメリカと対立するソ連は調印せず、中国共産党政権は会議に招かれてもいない。彼らの調印を待って「全面講和」をめざすべきという国内世論を押し切り、吉田は自由主義国を中心とした四八カ国との「単独講和」に踏み切った。

もう一つは経済再建を最優先すること。当時の日本はまだ戦争の傷跡が深く残り、圧倒的に貧しかった。国民の三分の一は住む家がなく、バラック小屋や橋のたもとで暮らす状態だった。

その貧しさを象徴するように、昭和天皇でさえ皇居の建て直しを先送りして、「御文庫《おぶんこ》」と呼ばれる戦時中に建てられた防空壕にお住まいだった。お使いになっていたスリッパも、踵《かかと》の部分が擦り切れるほどボロボロ。自身のことよりも、まず国民の生活を立て直してほしいというご意思を示されたのだ。いかに当時、国民全体が貧困に喘いでいたかがわかるだろう。吉田が経済再建を優先させたのは、当然といえるかもしれない。

ただし、日本は独立国家に復帰したばかり。しかもその周辺には、ソ連、中国、北朝鮮がいる。その脅威からいかに国を守るかも喫緊の課題であった。そこで、吉田は米軍の駐留を延長してもらう道を選ぶ。それが、サンフランシスコ平和条約と同じ日に調印した日米安全保障条約である。要するに、国防をアメリカに委ね、そのあいだにとにかく経済の復興に邁進《まいしん》しよう、というわけだ。

また、自衛隊の前身である保安隊を創設したのは、独立から二年後の一九五四年。ただし、このとき旧軍の幹部はできるだけ採用しなかった。戦前の軍部首脳は、外交（D）を軽んじて敵を増やしただけでなく、経済（E）を蔑《ないがし》ろにして軍拡に走り、自滅した。戦後は自由主義陣営に所属するという外交のもとで、まず国民経済ありきで組織を運営する。存立の方向性が一八〇度転換したわけで、それを理解できない者は受け入れなかったのだ。

その後、経済は順調に回復し、ほとんどの人がバラック小屋や橋のたもとでの生活から抜け出した。『経済白書』に「もはや戦後ではない」という有名な一文が記されたのは、一九五六年のことである。この年には、行政機関として国防会議（メンバーは議長の総理のほか、副総理、外相、蔵相〔当時〕、防衛庁長官〔当時〕、経済企画庁長官。のちの国家安全保障会議の前身）が設置された。

翌一九五七年には、国防会議と閣議によって「国防の基本方針」が示された。戦前の「国防方針」が軍主導だったのに対し、こちらは政府主導である点が大きく違う。

文言としては以下のとおり、非常に短い。

〈国防の目的は、直接及び間接の侵略を未然に防止し、万一侵略が行われるときはこれを排除し、もって民主主義を基調とする我が国の独立と平和を守ることにある。この目的を達成するための基本方針を次のとおり定める〉

ポイントは、〈民主主義を基調とする我が国の独立と平和〉という部分だ。戦前のように、議会の意向を無視して無理な軍拡はしない、という宣言である。民主主義、つまり国民の支持を大前提としている。そのうえで、具体的には以下の四項目を挙げている。

(1) 国際連合の活動を支持し、国際間の協調をはかり、世界平和の実現を期する。
(2) 民生を安定し、愛国心を高揚し、国家の安全を保障するに必要な基盤を確立する。
(3) 国力国情に応じ自衛のため必要な限度において、効率的な防衛力を漸進的に整備する。
(4) 外部からの侵略に対しては、将来国際連合が有効にこれを阻止する機能を果たし得るに至るまでは、米国との安全保障体制を基調としてこれに対処する。

外交（D）、経済（E）の次に軍事（M）があるという順番だ。ただし、インテリジェンス（I）はなく、国防において自衛隊がどういう役割を果たすかも、明記されていない。

しかも、この基本方針は、日本を取り巻く国際情勢が大きく変化したにもかかわらず、二〇一二年十二月に第二次安倍政権が誕生するまで、じつに五十年以上にわたって改定されなかった。ある意味で、軍事、安全保障をアメリカに丸投げしてきたのだ。内外の情勢に対応して日本独自の国家安全保障戦略を策定してこなかったことが、その後の日本の安全保障に大きな問題を引き起こすことになった。

第三期「五五年体制」の確立と軍事アレルギー

一九五五年、日本の政治はいわゆる「五五年体制」を形成する。自民党と日本社会党の二大政党による対立の構図だ。

自民党は日米同盟を志向。それに対して日本社会党は、ソ連寄りの非武装中立、つまり自衛隊の解体と米軍の撤退を主唱した。根底には社会主義政権を確立し、ソ連を筆頭とする共産圏に加わろうという思想がある。いま考えればデタラメだが、そうした政党が一定の支持を得たために与党と真っ向からぶつかり、国会でまともな安全保障の議論ができなくなった。

当時はメディアによる自衛隊バッシングも激しかった。軍や戦争を連想させるものに対するアレルギーが強烈に残っていたからだ。たとえば、自衛官が制服で総理官邸を訪れることさえタブーとされた。両者が接近したり、総理が安全保障に関心をもったりしただけで、「軍国主義の復活」などと騒がれたほどである。

そのため、総理が軍事情勢について自衛官に直接尋ねることはできなかったし、自衛官に軍事について聞こうとする総理もいなかった。当時、極東に展開するソ連軍は四〇万人。それに対して日本はどう備えるか、自衛隊はどうあるべきかなど、議論がほとんどなされなかったのである。

そうした空気は政治の場のみならず、世間一般にも流布していた。

私が大学に入学したのは一九八一年。二年前の一九七九年からソ連のアフガニスタン侵攻が始まり、ソ連による北海道侵略もあるかもしれない、と騒ぎになっていた。そこで、私は七〜八人のクラスメイトと安全保障に関する勉強会を始めた。さらにメンバーを増やそう、と複数の麻雀仲間に声をかけた。だが彼らの反応は、世間の感覚を代弁するものだった。

「右翼の集まりにおれを誘うなよ。まともに就職できなくなるだろ」
「おまえがそんな危険な人物だとは知らなかった」
「もう君とは麻雀もやりたくない」

ましてや政治家ともなれば、「防衛」「安全保障」と口にするだけでどれほど風当たりが強かったことか、想像に難くない。だから総理も閣僚も、安全保障についてはほとんど言及しないし、自衛官から情報を収集しようとすらしなかったのである。

第四期　三木内閣「防衛費対GDP比一%以内」の禍根

この状況を悪化させたのが、一九七四年に発足した三木武夫内閣だ。「クリーン三木」と呼ばれ、前任の田中角栄《かくえい》総理が金脈問題で辞職したことを受けて成立しただけに、イメージ刷新のための清潔感を売りにしていた。

当時は高度経済成長の時代で、日本経済は戦後復興期に比べて大きく成長していた。ならば、それに見合う軍事力をもつべきという議論が、アメリカ側から提起されていた。アメリカにとっては、ソ連や中国に対抗するため、日本に軍事的パートナーになってもらう必要があったのだ。

それに応えるように、三木内閣は一九七六年、政府として初めて「防衛計画の大綱」を作成する。ここで全面的に打ち出したのが「基盤的防衛力整備構想」。要するに、最小限の自衛力をもつという方針のもと、防衛費を対GDP比一％以内に抑えることを決めたのだ。以後四十年以上を経た今日まで、このシーリングが原則として堅持されてきたのは、周知のとおりである。

これが、日本の安全保障の大きな足枷となる。かつて外務省に勤務し、国家安全保障局次長なども歴任された兼原信克《かねはらのぶかつ》氏（現・同志社大学特別客員教授）は、『国際安全保障』第四九巻第四号（国際安全保障学会発行、二〇二二年三月）掲載の論文「NSCの創設について」で、この構想の問題点を以下のように指摘している。

〈第一に、防衛出動は自衛権行使である。自衛とは、敵から自分を守ることである。敵の大きさに合わせて、自分の防衛力の大きさが決まる。脅威対抗が基本である。初めから限定的で小規模な侵略にしか対応しないと決めてしまえば、国民の生命財産を無責任に放り出す敗北主義になる。また、無責任なアメリカ頼みの甘えになる。自立精神の無い対米依存は、米国の同盟の公平負担に関する不満の温床となり、同盟を腐食させる〉

つまり、中国やソ連がどれほど脅威になろうが、日本は最低限の防衛力しかもたないと決めたということだ。これでほんとうに防衛などできるのか、心許《こころもと》なく思うのは当然だろう。ちなみに、田中総理が先鞭《せんべん》をつけた日中国交正常化の道は、この三木内閣の時代に大きく進むことになる。

兼原氏はこう続ける。

〈第二に、基盤的防衛力しかもたないと決めてしまえば、①どういう外交戦略の下で、即ち、どういう国益を守るために、誰を味方にして、誰が中立で、誰との戦いに備えるのか（国家安全保障戦略）、また、どういう紛争が起き得て、そのシナリオ毎に十分な抑止を可能とするためには、②どういう装備が必要で（国防戦略）、③その装備でどう戦うか（軍事戦略）という最も基本的な戦略的な思考が死んでしまう〉

たとえば、台湾有事や朝鮮半島有事、あるいは尖閣諸島有事が起きたとき、どうやってそれに対処するのか、そのためにはどういう装備でどのように戦うのかという戦略的な議論を一切しないということだ。その部分はアメリカに丸投げする。これが三木内閣による「基盤的防衛力整備構想」の骨子であった。端的にいえば、国家戦略の放棄である。

世間には、日本に自分の国を自分で守るという意識が希薄なのは、憲法をアメリカに押しつけられたからだという見方がある。それは事実として違う。現行憲法下でも吉田茂内閣や池田勇人《はやと》内閣のもとでごく少数の人たちによってではあるが、ソ連の脅威に対抗するために自衛隊がどういう装備をもつべきかを議論している。それを止めたのが三木内閣だ。

たしかに憲法の問題もあるだろう。だが、それ以上に問題なのは自民党の劣化であり、それを看過してきた国民である。むしろ憲法にすべての責任を押しつけ、現実の脅威を直視しようとしなかったために、国家戦略を失ったまま四十年以上を経てしまうという、近代国家としてあるまじき政治の失態を招いてしまったのではないか。

第五期　中曽根内閣「不沈空母」と裏腹の弱体化政策

国家戦略も安全保障も議論できないようでは、国家としてさすがにまずい。そうした危機感を抱いて一九八二年に誕生したのが、中曽根康弘内閣である。

中曽根総理といえば、「不沈空母」発言が有名だ。日米連携を強調し、日本列島をソ連進出の防壁にするとの趣旨だった。時のアメリカのレーガン大統領やイギリスのマーガレット・サッチャー首相とともに、自由主義圏の一員としてソ連に立ち向かう意思を示したように見えた。

その点では画期的な宰相の登場ともいえるが、実際に行なったことは逆だった。それまで日本の安全保障政策についての判断は、門外漢の内閣法制局に丸投げされていた。中曽根総理はそれをあらためて官邸主導にすべく、総理官邸に直属部隊として、内閣内政審議室、内閣外政審議室、内閣安全保障室を新設した。

だが、この分け方が問題だった。本来、安全保障は、外交と軍事が連携しなければ成り立たない。ところが内務省出身の中曽根総理は、軍事を扱う内閣安全保障室と、外交を扱う内閣外政審議室とを分けた。その結果、外交（D）と軍事（M）が分断されてしまったのである。これは、両者を統括するというDIMEの考え方そのものが否定されたことを意味している。

第六期　官邸主導政治を確立した森内閣

官邸における軍事と外交の分断という問題を修正したのが、二〇〇〇年に誕生した森喜朗《よしろう》内閣である。すでに一九九六年発足の橋本龍太郎《りゅうたろう》政権の時代から官邸主導への切り替えが進んでいたが、森内閣はその機能を強化した。

それまで、閣議における総理の権限は、主催することのみ。肝心の議題については、各省庁の次官級会議によって決められていた。官僚たちが国家の方針を左右するという、いわゆる官僚主導のひどい仕組みだったのである。

森総理は、それを初めて総理主導に切り替えた。総理自ら議題を出し、議論をリードし、その決定に基づいて政策方針を出し、官邸が各省庁に指示を出すというトップダウンの仕組みが、戦後五十五年を経て、ようやくできたのだ。

同時に、内閣法を改正して官邸の組織も変えた。中曽根総理が設置した内閣内政審議室、内閣外政審議室、内閣安全保障室（のちに内閣安全保障・危機管理室）を廃止。代わりに内閣官房長官、副長官の下に、新たに内閣官房副長官補という三人のポストを新設し、そのうちの一人が安全保障・危機管理を担当することになった。そのポストを軸にして、外務省や防衛省をはじめとする各省庁の安全保障担当者が一堂に会し、危機管理や国家戦略について議論できる体制を整えたのである。

先にも述べたが、日本で安全保障の議論が進まないのは、憲法をアメリカに押しつけられたからだ、というのが保守派の大方の見方だった。あるいは、アメリカが日本の軍事的自立を望んでいないからとの意見もあった。

それに対してごく一部の専門家、実務関係者だけが、憲法やアメリカの問題ではなく、官邸の仕組みや外交と防衛の連携の問題、つまりＤＩＭＥの問題であると言い続けてきた。森内閣によって、その主張の一部がようやく認められたのだ。

だが、こうした一連の改革について、メディアはこぞって「総理大臣による独裁政治が始まる」と批判した。これはあまりに筋が悪い。民主的な選挙で選ばれた与党のリーダーが、方針を示して官僚に指示を出すのは当たり前だ。むしろリーダーの与《あずか》り知らぬところで官僚が勝手に決めてしまうほうが、国家としてよほど危うい。

だいたい森総理は、メディアからひどく叩かれるリーダーだった。私の経験上、叩かれる総理ほど真っ当な仕事をしている傾向がある。

第七期　小泉内閣「武力攻撃事態対処法」の欠陥

対照的なのが、森政権を引き継いで二〇〇一年から発足した小泉純一郎政権。何かと話題の多い政権だったが、安全保障関連でいえば、初めて「有事法制」を成立させたことが大きい。

有事法制とは、戦争局面における自衛隊の動き方を定めた法律だ。驚くべきことに、このときまではこうした法律自体が存在していなかった。したがって、たとえば緊急時に戦車部隊が出動して市街地に入った場合、赤信号で停止しなければ道路交通法違反で捕まることになる。あるいは市街戦になった場合、自衛隊員がビルや私有地に侵入して戦闘に入ると、住居不法侵入罪に問われかねなかった。

実際に戦場で警察が取り締まるとは考えにくいが、有事でも平時の法律が適用される前提では、自衛隊の行動を阻害しかねない。何よりも、これでは平時に市街地などで訓練ができない。要するに、自衛隊が出動するような状況を、政府としてまったく想定できていなかったということだ。

あるいは自衛隊が地域住民に避難を呼びかけたとしても、住民側がそれに従う義務はなかった。当然ながら交通規制も必要だし、原子力発電所など重要施設の警備も強化しなければならない。電波の管理なども欠かせない。ところが、これらを防衛省・自衛隊が関係省庁にお願いしても、各省庁は拒否できた。協力を義務づける法律が存在しなかったからだ。それを整備しようというのが、有事法制の意義である。

法案作成のプロセスでは、官邸主導のもと、国土交通省、総務省、防衛省、外務省の担当者が集まって議論を繰り返した。こうした場が設定されること自体が画期的だった。基本法となるのは武力攻撃事態対処法（のちに事態対処法へと改題）で、これによって有事に際して政府が対処基本方針を示し、政府全体で対応できる法的な枠組みがようやく整った。二〇〇三年という、わずか二十年前のことだ。

ただし、この法律には重大な欠陥があった。緊急時に自衛隊をどう動かすかは、もっとも高度な状況把握と判断を必要とする。国民の生命と財産を守るため、防衛出動か、治安出動か、海上警備行動かを即断しなければならない。もちろんこれは、シビリアンコントロールの最高指揮官である総理大臣の専権事項である。

ところが、小泉政権下でつくられた同法では、まず状況判断を官邸と防衛庁（現・防衛省）の課長級をメンバーとする「事態対処小委員会」が行なうことになっていた。その決定に基づいて、最終判断を総理大臣がくだすという仕組みだった。

いざ日本が攻撃を受けて一刻を争うとき、総理が「ただちに自衛隊を出動させよう」とはならないのだ。まず小委員会に委ね、案の作成を待たなければならなかった。対応が後手に回るだろうことは、誰の目にも明らかだろう。

しかも、小委員会を構成する省庁の課長級といえば、だいたい三十五歳前後である。彼らに緊急時の対処方針を考えさせること自体がきわめて危険だ。

なぜこうした仕組みになったのか。理由はいくつかある。

まず、総理が軍事について詳細な知識・情報を得たり判断を求められたりする機会がなかった。先に述べたとおり、制服を着た自衛官が総理官邸の表門から入ることは、戦後一貫して許されなかった。ようやく容認されたのは、橋本政権からである。

したがって、総理に対する軍事情勢のブリーフィングは主に内閣情報官が行なっていた。このポストは基本的に警察出身者が就く。つまり、たとえば北朝鮮の情勢や中国による尖閣諸島周辺での動きなど軍事・外交にかかわる問題についても、治安担当の警察が総理に報告していた。軍事のプロである防衛省の情報本部長も同席することはあるが、発言はほとんど許されなかった。

それに、防衛担当の総理秘書官もほとんどいなかった。つまり、総理の周辺に軍事的な知識をもつ人材が不在だったのである。だから、三十五歳を中心とする小委員会に頼らざるをえなかった、ともいえる。

また、中曽根内閣以来、防衛庁（現・防衛省）出身の内閣安全保障室長が官邸に常駐するようになったが、内閣安全保障室は森内閣まで実質的な調整権限をもたなかった。外務省など他の省庁と協議することも許されなかった。何か聞かれれば答えるだけの部署だったのだ。民間企業でいえば、窓際族に近い存在で、そもそも日米同盟をどう運用するか、自衛隊をどう活用するかといった議論をする人材が官邸にはいなかった。

では、安全保障の重要事項について、誰が総理に説明していたかといえば、外務省である。だが、やはりそこでも防衛省や自衛官の同席は許されなかった。

外務省が安全保障や軍事に詳しいわけではない。結果的に外務省は、アメリカの国務省や国防総省から得た情報を総理に報告するのみ。言い換えるなら、アメリカから重要情報を与えられても十分に理解できないし、要望を突きつけられても反論する知識が不足していた。つまり、いいなりにならざるをえない。安全保障について、日本の立場を主張することはできなかったのである。

一部には「日本はアメリカの属国だから仕方がない」という意見もあるが、それは一面的すぎる。日米同盟について本来は防衛省が対応すべきところを、外務省が対応してきた。だから後手に回らざるをえなかったという側面にも着目すべきなのだ。外務省が悪いという話ではない。問題の根幹は、国家戦略をＤＩＭＥで考えるという発想の欠落である。

以上の概略は、こちらも兼原氏の前掲の論文に基づいている。ＤＩＭＥに基づく国家安全保障戦略の策定を含む政府の統治機構の改善は、兼原氏ら、心あるごく一部の官僚と学者たちの奮闘の結果なのだ。

第八期　第二次安倍内閣によるNSC創設

その立て直しに奔走したのが、二〇一二年に発足した第二次安倍政権である。あらためて、官邸が外交と軍事の司令塔になる仕組み、つまり、国家安全保障会議（NSC）と国家安全保障局（NSS）という外交と軍事を統合する部署を官邸内に設置した。

このうちNSCとは、総理大臣、官房長官、外務大臣、防衛大臣、財務大臣を含めた各大臣による会議であった。なおかつ同会議のもとに、総理、官房長官、外務大臣、防衛大臣による四大臣会合の仕組みもつくられた。これは、日常的に軍事や安全保障について議論する場である。この会合の新設により、ようやく有事の際に三十五歳前後の課長による「事態対処小委員会」が仕切る仕組みから解放され、官邸主導によるトップダウンの体制が整った。

また、NSSはその実務を担う官僚組織で、防衛省、外務省、総務省、財務省、金融庁、国土交通省の各省庁の担当者によって構成され、国家安全保障戦略について議論する事務局機能を担うことも、先に述べたとおりだ。

これらの設置は、従来の官邸、外務省、防衛省、自衛隊の関係を激変させた。ポイントは大きく三つある。

第一に、NSSは頻繁に総理と接触できること。そもそも権力とは〝距離〟である。中枢に近ければ近いほど、権力は強いと見なされる。その点、何かあれば即座に総理の部屋に飛び込み、総理の指示や感触を得ることができるNSSは、きわめて強大な権力を得たといえるだろう。もちろん、総理から直接指示を受けて各省庁が調整に動くスピードは、ボトムアップ型で意思決定していくよりも圧倒的に速い。

第二に、NSSのなかで情報交換や意思疎通ができること。NSS内には外交官、防衛省、自衛官、警察官僚など複数省庁の出身者が同僚として席を並べている。その数はおよそ八〇人。彼らが日常的にコミュニケーションをとることで、それまでお互いに知りえなかった情報や知見を得られる。

従来、たとえば外務省は、自分たちがアメリカのCIAから得た情報を各省に渡さなかった。防衛省も防衛省で、やはり情報を警察や外務省には提供していない。お互いに隠し持っていたのである。

第三に、自衛官の制服組と官邸の距離が一気に縮まったことだ。それを強く印象づけたのが、本章の冒頭に紹介した、河野統合幕僚長が安倍総理、麻生副総理に報告している写真である。制服を着た自衛官が総理・副総理に状況報告を行なうなど、これまでの官邸ではありえなかった。それが、戦後から半世紀以上が経過したほんの数年前、ようやく解禁になった。安倍総理は、日本の安全保障体制がここまで変わったということを広く訴えたかったのだろう。

距離が縮まったといえば、公安調査庁のようなインテリジェンス機関も同様だ。これらは日本共産党や国内におけるスパイ活動の監視を行なっているが、政府機関としては窓際に近かった。自衛隊とともに政権中枢から遠ざけられ、たとえば公安調査庁長官が総理に直接報告する場もなかった。自分たちの調査や報告が果たして役に立っているのか、そもそも総理大臣ら官邸中枢に届いているのか、多くの職員が疑心暗鬼に陥っていたといえば、言い過ぎだろうか。

官邸とインテリジェンス機関との連携がほとんどなかったことは、国益を損ねるリスクもはらんでいた。彼らは、北朝鮮の朝鮮総連の関係者にも接触し、北朝鮮の情報を得たり、資金の流れを摑《つか》んだりしている。

たとえば民主党政権時代、高校授業料の無償化政策に合わせ、朝鮮学校の生徒たちもその対象にするという話が持ち上がったことがある。要するに、朝鮮学校にも日本政府の補助金を出そうというわけだ。

では当時、朝鮮学校の学校理事会はどういう経理処理を行なっていたのか。すでに都道府県から得ていた補助金を、本来の用途以外に流用していたといわれている。朝鮮総連内部の者がその詳細を記したレポートも秘密裏に売られていた。朝鮮総連も一枚岩ではなく、人間関係や出世競争などがある。ライバルを追い落とすために、ライバルにとって不利な情報を外部に暴露することが少なからずあるのだ。

レポートの代金の相場はその内容によって変動するが、だいたい五〇万円程度だといわれている。ところが、日本のインテリジェンス機関は予算がほとんどないので買うことすらできない。一方、やすやすと買っていくのがアメリカのCIAなどだ。彼らも日本で朝鮮総連に関する情報収集を行なっていて、場合によっては朝鮮総連の関係者たちと直接情報のやりとりをすることがある。もちろん敵味方同士だが、カネを介在させて出せる情報を出し合い、ある意味でギブ・アンド・テイクの関係を築いている。諜報の世界ではよくある話だ。

そこに加われない日本のインテリジェンス機関は結局、CIAから情報をもらうしかない。予算がないために悔しい思いをしたり、無力感に苛《さいな》まれたりしていたのだ。そうしたなかでNSCが創設され、総理との距離が近づいて情報が直接届くようになった。これによって、インテリジェンス機関のモチベーションが俄然《がぜん》上がったのは、いうまでもない。

なぜ「国家情報局」の創設は見送られたのか

日本には複数の情報機関が存在している。主なものは、内閣官房内閣情報調査室、外務省国際情報統括官組織、防衛省防衛政策局、警察庁警備局、公安調査庁などで、そのほか財務省、金融庁、経済産業省、海上保安庁にも情報機関が存在する。

ただし二〇一二年までは、これら各省の情報をとりまとめるのは、内閣情報会議とその下に設置されている合同情報会議を頂点とする合議制の体制であった。内閣情報会議は年二回、合同情報会議は隔週で開催される。内閣情報会議は内閣の重要政策に関する国内外の情報を総合的に把握するため、また、合同情報会議は内閣情報調査室や外務省、防衛省、警察庁、公安調査庁など情報活動にかかわる機関の調整などを行なう、とされていたが、省庁縦割りを打破できずに、あまり機能していたとはいえない。

そこで第二次安倍政権は、二〇一三年に国家安全保障戦略を策定し、各省の情報は、この国家安全保障戦略を実行するために活用するものとし、「合同情報会議」でとりまとめた情報は、官邸に直接、あげる仕組みに代えた。その効果は劇的だった。

第一に、それまでは、合同情報会議に出された各省の情報を、どのように使うのかが曖昧だった。そのために耳目をひく情報が重視されがちだったが、二〇一三年以降は国家安全保障戦略に関連する情報が重視されるようになった。要は、各省の情報部門は自分たちの省益に基づく情報収集から、国家安全保障戦略に基づく情報収集へと、意識を変えざるをえなくなった。

第二に、そもそも合同情報会議に情報を上げても、それが官邸にどのように伝わっているのか、各省の担当者は知ることができなかった。なぜなら、とりまとめを担当する内閣情報調査室の裁量で、どの情報を官邸に伝えるのか、決定することができたからだ。しかし国家安全保障局が創設され、各省の情報機関が内閣情報調査室を通さずに直接、官邸に情報を報告するルートも併設された。おかげで各省の情報部門は、自分たちが必死で集めた情報を直接、官邸に届けることができるようになった。

第三に、各省の情報部門は他の部門に「知られたくない」情報については、合同情報会議に報告しない傾向があった。よって各省の「機微に触れる」情報は、合同情報会議にも官邸にも届かなかったが、直接、官邸に上げるルートが併設されたことで、官邸に、他の部門に「知られたくない」情報が届くようになった。

このように国家安全保障戦略とその事務局である国家安全保障局が創設されたことで、官邸と各省庁の情報部門の関係が劇的に変化した。その結果、各省庁も情報部門の強化を始めた。自らの情報を国家安全保障戦略に反映させるべく、より優れた情報を収集し、分析できる態勢を強化しようとしている。

二〇二〇年に安倍政権を引き継いだ菅義偉《すがよしひで》政権は、公安調査庁の人員を八〇人増やした。経済安全保障の意識が高まるなか、中国や北朝鮮による産業スパイの取り締まりを強化するためである。権力の中枢との距離が縮まるほど、インテリジェンス機関は有効に機能する。と同時に、権力の側も、各情報機関の情報を重視する姿勢を示すことが重要だ。

そのためには、官僚サイドが総理大臣に複数の選択肢を提示するよう、その政権運営のあり方を変更しなければならない。戦前、とくに昭和以降、官僚組織はトップに一つの選択肢を提示し、その選択に結びつく情報だけを恣意的に集めて上げるという悪しき慣習があった。しかし、インテリジェンス機関が正常に機能している国では、側近がトップに複数の選択肢を提示し、そのトップが適切な選択ができるよう、日ごろから各情報機関が良質の情報を上げるようになっている。

言い換えれば、官僚による「唯一の」選択肢を指導者が追認する官僚主導政治でよいのか、ということだ。国民の負託を得た政治指導者が、複数の選択肢のなかから自らの責任において政治決断をくだすという民主政治にするためにも、政治指導者に多角的な情報が上がる仕組み、複数のインテリジェンス機関が必要なのである。

このインテリジェンスの強化について、二〇二二年四月、自民党安全保障調査会（小野寺五典《いつのり》会長）が公表した「新たな国家安全保障戦略等の策定に向けた提言」と題する報告書には、〈政府全体として、防衛駐在官の更なる活用を含め人的情報（HUMINT）をはじめとする一次的情報の収集能力を強化することに加え、インテリジェンスの集約・共有・分析等をさらに統合的に実施する体制を構築するために、新たに「国家情報局」を設置する〉と明記されていた。

この報告書を受け、二〇二二年十二月に閣議決定した「安保三文書」では、インテリジェンスの重要性が以下のように明記された。

〈急速かつ複雑に変化する安全保障環境において、政府が的確な意思決定を行うには、質が高く時宜に適った情報収集・分析が不可欠である。そのために、政策部門と情報部門との緊密な連携の下、政府が保有するあらゆる情報収集の手段と情報源を活用した総合的な分析により、安全保障に関する情報を可能な限り早期かつ正確に把握し、政府内外での共有と活用を図る。また、我が国の安全保障上の重要な情報の漏洩を防ぐために、官民の情報保全に取

り組む〉

政府としてインテリジェンスを重視する方向性が確実に打ち出された。だが、政府の対外インテリジェンス機関としての「国家情報局」の文字はなかった。なぜか。政府・与党の関係者に聞くと、次のような意見が返ってきた。

「政府としては、防衛力の抜本強化を優先させたのだと思う」

「対外インテリジェンス機関とはどういうものなのか、具体的なイメージが政府内部でも共有できなかったからだろう」

対外インテリジェンス機関についての具体的なイメージが共有できなかったのは、敗戦後、自らの歴史を忘れてしまった、より正確にいえば、忘れさせられたからだ。

終章

戦前に失われた「I」を求めて

CIAの元幹部が日本の政治家に語った意外な言葉

二〇一〇年代、自民党の町村信孝先生を中心とした国会議員有志によるインテリジェンスに関する研究会に参加していたことがある。

テーマは、日本のインテリジェンスをどう立て直すか。先にも述べたが、日本にはアメリカのCIAやイギリスのSIS（Secret Intelligence Service：秘密情報部）通称MI6（Military Intelligence Section 6：軍情報部第六課）に相当する対外インテリジェンス機関がない。だから「DIME」の「I」、国家レベルの情報収集や分析、諜報や防諜などの分野が弱かった。このままでは、世界から立ち遅れてしまうのではないか、という危機感から発足した研究会だった。

その研究会で、CIAの元幹部を講師として招いたことがある。参加した議員の一人が、「日本の情報機関を再建するにあたり、まず何をすべきか」と尋ねた。CIAを手本にして、そのノウハウを見習いたいという意図であったのだろう。

元幹部の回答は予想外だった。

「それをいうなら、みなさんはまず日本の戦前・戦中のインテリジェンス活動から学んではいかがでしょうか。我々はその圧倒的な能力や、成功と失敗の歴史から懸命に学びながら、今日の活動に活かしているのです」

彼の発言が何を指していたのか、今日の日本ではわからない人が多いかもしれない。戦前から戦中にかけて、日本の帝国陸軍には情報機関・教育訓練機関が存在した。一九三八年の創設時の名称は「防諜研究所」。東京都中野区に設置されたことから、のちに「陸軍中野学校」と改称された組織である。戦前・戦中は、アジア各国へのさまざまな秘密工作に従事、それが大東亜共栄圏の建設につながり、戦後はアジア各国の独立運動にも深く影響を及ぼすことになった。

ただし、その存在は戦時中も極秘とされ、終戦とともに閉鎖されて関連資料は廃棄された。戦後になって語られたのは、卒業生による回想録やフィクションなど一部にすぎない。中野学校の出身者たちの活動が国家の政策や戦略とどう結びついていたのか、その結果がどうなったのか、日本国内で網羅的な研究はほとんど行なわれてこなかった。

我々は中野学校の経験から何を学ぶべきか

ところが二〇二二年八月、画期的な一冊が邦訳・刊行された。『陸軍中野学校の光と影』（芙蓉書房出版）だ。著者のスティーブン・C・マルカード氏は、アメリカCIAの元情報分析官。ミドルベリー大学で特殊戦の政策とともに日本語を学び、一時は日本の高校で英語教師として働いていたこともある。アジアのインテリジェンス史を研究する過程で中野学校の存在を知り、独自に調査・研究を始めたという。

英語版の原著が刊行されたのは二〇〇二年で、もともと日本語版の刊行予定はなかった。つまり、戦前日本の優れたインテリジェンス活動を研究し、アメリカのインテリジェンス活動に活かそうという意図だったらしい。

先のCIAの元幹部の言葉を借りるなら、CIAは独自に中野学校を調査し、自らの知見として取り込んでいた。その内容を初めて一般公開したのが、この本である。それだけでも、いかに貴重な一冊かがわかるはずだ。

著者の強みは、まずインテリジェンスのプロであること、そしてアメリカ側に残っていた資料と日本側の記録を照らし合わせながらの調査ができることだ。しかも、戦勝国としての奢《おご》りも偏見もない。あくまでもフェアに、陸軍中野学校のどの部分が優れ、どこに失敗があったのかを学術的・総括的に描き出している。

その意気込みは、「まえがき」からも伝わってくる。

〈日本では長年にわたって中野学校に関する数多くの記事や書籍が登場したが、それ以外の国では中野学校に関してほぼ公になることはなかった。これは、米国の戦略情報部（ＯＳＳ）や英国の特殊作戦執行部（ＳＯＥ）などに相当する日本の情報機関の活躍や史実が、世界のインテリジェンス史から完全に抜け落ちてしまっていることを意味する。インテリジェンス・コミュニティにとっての大きな痛手である〉

要するに、世界的な視点で日本の戦前・戦中・戦後のインテリジェンス活動を見直しているわけだ。中野学校がどういう役割を果たしたのか、ＣＩＡが再評価した本ともいえるだろう。

第二次安倍政権のもと、二〇一八年には、陸上自衛隊に「情報」学校が新設された。そのテキストとしてもこの本は最適だ。日本にとっても、自らのインテリジェンスの歴史を再評価し、そこから教訓を導き出すことが、これからのインテリジェンス活動を発展させていくうえで欠かせない。

ついでにいえば、もともと中野学校が設立されたのは、当時の日本軍の諜報や宣伝活動などがあまりにお粗末だったからである。国家戦略に沿った秘密工作のできる人材を育てなければならないという危機感が、そのベースにあった。

だとすれば、その状況は今日と重ね合わせることができるはずだ。国際社会が混沌《こんとん》とし、危機が迫るなかで、日本は安全保障の観点からいやがうえにもインテリジェンスに敏感になる必要がある。中野学校の経験から学べることは多い。

これは、防衛省や自衛隊にかぎった話ではない。すべての政治家にとっても、基礎知識として必読の書だ。さらには、今日の安全保障はすべての省庁が役割を担うことになる。つまり、それぞれに情報分析や情報工作が欠かせない。その意味では、すべての省庁がこの本をテキストにして学ぶべきだろう。

加えて経済安全保障の観点でいえば、民間企業にも一読をおすすめしたい。最前線の細かな活動が国家の政策といかに結びついているかということは、海外展開する企業にとっても参考になるはずだ。

F機関が八十年前に採り入れた「ハイブリッド戦争」

この本にはいくつもの実例とともに、その現場の最前線で奮闘した多くの軍人が登場する。ここでは、とくに顕著な活躍をした幾人かの人物を紹介しよう。

一人は、陸軍中野学校の教官だった藤原岩市少佐である。先に述べたように、開戦直前、イギリス領だったマレーシアやシンガポールなどで、同じく中野学校出身者で構成された「F機関」と呼ばれる特務機関のリーダーとして、インド独立運動を支援した人物だ。

先の戦争における帝国陸軍の緒戦といえば、やはり、イギリス領だったマレー半島を奇襲し、シンガポールまで陥落させた「マレー作戦」である。じつはこのとき、裏工作を行なっていたのがF機関だ。イギリス軍の多くはインド兵だったが、彼らをイギリスから寝返らせ、日本軍の味方につけていた。このF機関の暗躍なくしてマレー作戦の成功はなかった。

それも、決して強引な方法ではない。たとえばプロパガンダ作戦の一環として、映画の製作が行なわれたりした。インド兵の感情に訴えることで、イギリス軍を内側から崩壊させたのだ。さながらそれは、今日のウクライナ戦争におけるロシア・ウクライナ双方の世論工作にも通じるものがある。現在ならインターネットを介し、フェイクニュースも合わせていくらでも情報を発信できるが、当時の最新メディアは映画だった。それを巧みに利用したあたりに、インテリジェンス活動の先進性がうかがえる。

今日では、こうして軍隊の戦闘とともに情報工作やサイバー戦などを組み合わせた戦争を「ハイブリッド戦争」という。これが現代の戦争の形態であり、日本も早急にそのノウハウを身につけねばならないといわれるが、すでに八十年前、それを成し遂げた機関が日本に存在したのだ。

F機関の活動はそれで終わらない。シンガポールで捕虜になったインド兵を集め、そのなかの一人だったモーハン・シンとともにインド国民軍（INA）の設立を主導する。これが、のちのインド独立運動の原動力になっていく。

さらにそのリーダーとして、独立運動家だったネタジ・S・チャンドラ・ボースを招聘《しょうへい》したのもF機関である。「ボース」は指導者の意味の敬称で、敬意と親しみを込め、ネタジと呼ばれることも多い。終戦直後に事故で命を落としたが、インドが独立を果たすのはその二年後の一九四七年だった。のちにも述べるが、今日、ナレンドラ・モディ首相率いる政権与党のインド人民党（BJP）は、このボースの系譜を受け継いでいる。

さらにF機関の話ではないが、特殊工作部隊は終戦間際にもインドに〝置き土産〟を残した。このころ、インド国民軍が敗色濃厚な日本軍に対して反乱を起こすことが危惧されていた。そこで軍部は、彼らを武装解除することを提案する。要するに、武器を取り上げようとしたわけだ。

しかし、特殊工作部隊の幹部はこぞって反対する。「インド人やインド国民軍に対する裏切りになる」というのが、その理由だった。

結局、武装解除は行なわれなかった。この本ではそこまでしか触れていないが、ここで彼らに武器を残したことが、その後のインドの命運を変えた。この武器が、独立運動に決定的な影響を及ぼすことになったのである。

同じようなことがインドネシアでも起きていた。やはり終盤、オランダ軍に攻め込まれて武装解除を迫られた日本軍は、それに応じる。ただし、武器を放棄した場所を、オランダ軍より半日早くインドネシアの独立義勇軍に伝えた。日本軍が去ったあとの独立運動を手助けするためだ。これを知って激怒したオランダ軍は、日本軍の将校を何人も捕らえて処刑した。将校も覚悟のうえだったのだろう。それでもアジアの将来を考えて決断したのである。

ならば、現場のインテリジェンス工作がこれほど優秀だったにもかかわらず、それでもなぜ日本は惨敗したのか。じつはそのことも、マルカード氏の本の大きなテーマだ。端的にいえば、現場と政府と軍の中枢との意思疎通が図れていなかった。現場の作戦が国家戦略と連動していなかった。むしろ現場のインテリジェンス活動が、政府と軍の「間違った」国策によって踏みにじられてしまったといえる。

こちらも今日への大きな教訓になるだろう。現場のインテリジェンスをいくら鍛えても、上層部がその価値に気づけなかったり使い方がわからなかったりすれば、宝の持ち腐れになってしまう。国家のみならず民間企業でも同じだが、トップから最前線まで一気通貫するような意思統一が勝利には欠かせないのだ。

F機関とQUAD（日米豪印戦略対話）を結ぶ点と線

藤原氏の活躍は、戦後も続く。戦犯裁判、公職追放を経て、一九五六年から発足して間もない陸上自衛隊調査学校の校長に就任した。国家体制は大きく変わったが、中野学校やF機関の精神、それにインテリジェンスの知見を自衛隊に受け継がせたいという意気込みだったのだろう。

これは先に述べた自衛隊情報学校の前身で、同校にはいまも藤原氏の書が飾られている。ただし、同校にもF機関や戦前のインテリジェンスに関する資料は残されていないといわれている。日本共産党に追及され、すべて廃棄してしまったと聞く。

じつは、藤原氏にはもう一つの顔があった。一九五〇年代末、岸信介総理のもとで、インドネシア、マレーシア、ベトナム、インドなどとの国交樹立交渉のため、旧中野学校のOBたちを招集して各地で地ならしの工作が行なわれ、そのメンバーとしてインドネシア工作に携わったのだ。同じ場にいたのが私のインテリジェンスの師である中島慎三郎先生である。

その遺産は、現代にも受け継がれている。第一次安倍政権が、日米豪印によるQUADを提唱したとき、安倍総理がモディ首相を説得する際にボースを引き合いに出した。かつての日本はインド独立運動を支援し、ボースがリーダーになり、インド国民軍と日本軍によってイギリス軍を相手にしたインパール作戦が実施され、結果的にインドは独立を果たした。当時を思い起こせば、いまも日印が手を組むことはインドにとってメリットがあるはず、といったのだ。

ボースがいかにインドにとって重要な人物なのか。あらためて説明しておきたい。

十九世紀半ば、イギリス領に組み込まれたインドだが、十九世紀後半に独立運動が起こり、一九四七年に独立を果たした。独立運動のシンボルが、マハトマ・M・ガンディーだ。非暴力主義を掲げたガンディーのもと、イギリスとの交渉で独立を勝ちとろうとしたのがジャワハルラール・ネルーだった。

一方で、ボースは非暴力・非服従だけでは独立を勝ちとることはできないと考え、ネルーとは一線を画し、反英の立場からドイツ、そして日本との連携に踏み切った。

一九四二年、マレー・シンガポール作戦に勝利した日本軍の（正確にいえば、藤原岩市少佐率いるF機関の）支援のもと、捕虜となった英印軍のインド兵らがシンガポールでインド国民軍（INA）を創設した。この動きを知ったボースは亡命先のドイツから日本に移動し、INA最高司令官に就任する。一九四三年十一月に再び来日し、「インドを大東亜共栄圏に組み込まないこと」を条件に、オブザーバーとして大東亜会議に参加した。

そして、翌一九四四年、ボース率いるＩＮＡは、インド解放をめざして日本軍とともにインパール作戦を敢行するも、敗退してしまう。一九四五年八月十五日、日本の敗戦を受けてボースは台湾から中国・大連に向かおうとしたが、事故死した（「遺灰」は東京都杉並区の蓮光寺が預かっている）。

インパール作戦は戦術的には失敗だったが、政治的にはインド独立の契機となった。一九四五年十一月、イギリス軍はデリーのレッドフォートでＩＮＡ将校三人を「イギリス国王に対する反逆罪」で裁判にかけたが、「ＩＮＡの兵士たちは愛国者だ」としてインド民衆は憤激した。コルカタ（旧・カルカッタ）にあるネタジ記念館では、ＩＮＡ兵士たちを、"The First Soldier in Indian's Last War of Independence（インド最後の独立戦争における最初の兵士）"と称えている。

一九四五年末、デリーの英軍軍事法廷は、イギリス国王に対して戦争を行なった罪で終身刑を言い渡したが、インド民衆の激しい抗議活動と英印海軍のインド人乗組員による反乱のため、刑は執行されなかった。この抗議行動を契機としてインド独立に向けた広範な大衆運動が起こり、一九四七年の独立へとつながっていく。

独立後のインドの政治は、国民会議派（NDA）を率いるネルーが主導した。初代首相を務めたネルーは日本との国交樹立に際して戦後賠償請求権を放棄するなど、日本に対して一貫して好意的であったものの、日本と組んで軍事的手段をとったボースにはあまり言及してこなかった。そのためインドでさえ、独立運動史において語られるのはもっぱらガンディーとネルーの業績であった。

ところが一九八九年、ネルーの孫にあたるラジブ・ガンディーが首相を辞任した。ネルーとその一族が率いる国民会議派が戦後、インドの政治を主導し、非同盟中立を貫いてきたが、その一族支配が転機を迎えつつあったのだ。

代わって米ソの冷戦終結と国際政治力学の変化のなかで、ボースを尊敬し、経済成長と軍事を重視する人民党が台頭した。そして隣国パキスタンとの軍事紛争、軍事力を強化する中国との国境紛争に苦しむなかで、二〇一四年の総選挙で人民党が国民会議派に大勝し、ボースの再評価を主張するモディが首相に就任したのである。

じつは、安倍総理も第一次政権時の二〇〇七年、わざわざコルカタに立ち寄り、チャンドラ・ボース博物館を訪問し、敬意を表している（同博物館の入り口には訪問時の安倍氏の写真が掲示されている）。かくして安倍総理と意気投合したモディ首相は、日本との安全保障の協力を強化する一方、二〇一九年、レッドフォートに残っていたＩＮＡ軍事法廷跡を改装し、「ネタジ・チャンドラ・ボースとＩＮＡ博物館」を開設した。

二〇二二年十二月、私もこの博物館を訪れたが、そこには大東亜会議に参加したボースの大きな写真が展示されていた。加えて二〇二二年はボース生誕百二十五周年にあたることから、モディ政権は首都デリーの中心部、戦没者慰霊碑「インド門」の近くに、大きなボース像を建立した。ことほど左様に、Ｆ機関と藤原氏、そしてボースをめぐるインド独立の歴史が、安倍総理とモディ首相、日本とインドを深く結びつけたのである。

民間人の立場で戦後政治を動かした末次一郎先生

もう一人、この本が終盤に取り上げているのが、中野学校ＯＢでとくに戦後に多大な貢献をされた末次一郎先生だ。

その足跡は、紹介し切れないほど多方面に及ぶ。まず終戦直後から取り組んだのが、戦犯釈放運動である。「日本健青会」という組織をつくり、アメリカをはじめ、インドネシア、フィリピン、オーストラリア、ソ連など各地に戦犯として収容されていたＢＣ級戦犯を釈放してもらえるように奔走した。

　とくに一九五一年にサンフランシスコ平和条約に調印して日本が主権を回復すると、ただちにアメリカに飛んで当局と直談判し、戦犯の釈放を求めた。平和条約と同日に締結した日米安保条約により、両国は準同盟関係にあるはず。それなのに日本の若者をいつまでも勾留しているのはおかしい、という理屈だ。

　当時、末次先生はまだ三十代。政府要人ではなく一民間人で、アメリカへの渡航も容易ではない時代だ。それでもアメリカに乗り込み、しかも門前払いもされずに相手を交渉の席につかせるあたり、常人のバイタリティではない。

　こうした行動を通じ、アメリカのみならずソ連やアジア各国にも人脈を築くと、次に取り組んだのが沖縄返還運動である。やはり民間人のまま、独自に資金を集めて渡米し、アメリカ側と交渉を繰り返した。結局、返還までのスキームをつくったのは、間違いなく末次先生だ。沖縄県浦添市にある独立行政法人国際協力機構（ＪＩＣＡ）の沖縄国際センター内に胸像が建っているのは、その功績を称えるためである。

　さらにその次に、北方領土返還運動にも取り組んでいる。まだ敗戦国扱いだったにもかかわらず、末次先生は独自の人脈を駆使して米ソ日の要人を集め、三カ国協議へとこぎ着けた。いまも北方領土の返還は実現できていないが、たんに対立するのではなく、策を尽くせば話し合いの場をもてるということを示した意味合いは大きい。

末次先生がこうして政府要人同士の会談にこだわったのは、戦前の反省によるものだ。先に述べたとおり、インテリジェンスの現場がどれほど優秀でも、中枢がそれを理解しなければ意味がない。

トップの戦略に基づいて現場が細かい戦術を駆使し、その成果をトップの戦略に昇華させるという循環ができて初めて、大きな問題を動かせる。末次先生はそのことを熟知されていたし、当時の自民党の政治家や財界人もそれを理解して、末次先生の民間活動を応援していた。

そしてもう一つ、この協議には意味があった。じつは、私は生前の末次先生から直接お話をお伺いする機会を頂戴したことがある。そのお話は、いまでも強烈な印象に残っている。

「結局、ソ連もアメリカも、お互いのことをよく知らない。日本のことも、よく知らないんですよ」

だから率直に、面と向かって話し合わなければならないという。ただちに問題の解決には向かわなくても、そうしたチャネルをもっておくことが重要なのだ。それは今日の国際社会はもちろん、民間交流やビジネス上のコミュニケーションにも当てはまるものだろう。

近現代史に向き合えば、進路は自ずと見えてくる

以上のように、マルカード氏の本は戦後の中野学校OBたちの活躍についても詳細に調べて紹介している。さすが情報分析のプロの仕事だ。インテリジェンス活動には国際社会を変える力があるということが、リアルに、ドラマチックに伝わってくる。

ただし、日本人の私から見ると、もう少し深く掘り下げるべきと思われる点もないわけでもない。

たとえば一九六七年に設立されたASEANについて、この本では触れていない。当時の二大超大国であるアメリカともソ連とも距離を置くこの組織が生まれた背景には、やはり中野学校OBによる長年のアジア工作が存在した。逆にアメリカは、その前にSEATO（東南アジア条約機構）という反共軍事同盟を立ち上げて失敗している。

ベトナム戦争に対する言及もない。軍事力で圧倒するアメリカが負けたのは、プロパガンダ戦と情報分析がうまくできなかったからだ。一方のソ連も、ベトナムで勝ったわけではない。

要は、アメリカもソ連もインテリジェンスがうまく機能しなかったということだ。アジアの内

情を知らず、プロパガンダもうまくなかったため、負けるべくして負けた。ＣＩＡの元情報分析官として、そのあたりの検証や中野学校ＯＢとの比較があれば、なお素晴らしかった。とはいえ、足りないと思われる部分は、むしろこれから日本側の専門家が補足し、新たに刊行していけばよい。繰り返すが、日本のインテリジェンスの歴史を知るうえでは、現時点における一級のテキストといえる。

著者のマルカード氏は、この本の末尾で以下のように述べている。

〈日本が軍事的なＨＵＭＩＮＴプログラムを整備し、情報幹部が外国人工作員を運用し、海外のインテリジェンス・ネットワークを拡大しようとしたとき、自衛隊は中野学校の遺産を利用するだろう。（中略）日本の防衛庁《ママ》も中野学校の影の戦士達の多くの功績を参考にして、情報幹部の海外での情報活動を指揮し、鼓舞しているのではないだろうか〉

「ＨＵＭＩＮＴプログラム」とは、海外に散った工作員を介して得られる情報を収集する仕組みを指す。要するに、今度はＣＩＡではなく日本が中野学校を再評価し、ノウハウを活用する番ではないかということだ。そのとおりだろう。

なお、この本を翻訳された秋場涼太氏は、著者のマルカード氏と同様、アメリカのミドルベリー国際大学院へ自費留学し、さらに国防総省ダニエル・K・イノウエ アジア太平洋安全保障研究センターにも在籍していたキャリアをもつ。特殊戦や対テロについて研究を重ねたという、日本では希少な俊英だ。情報活動のプロによる本の翻訳者として最適だろう。巻末に付された論考「世界から観る陸軍中野学校の遺産　秘密戦からの系譜」も読み応えがある。なんとしても、こうした人材を活用できる日本にしたいものだ。

さらに、この本が世に出るにあたっては、慶應義塾大学ＳＦＣ研究所上席所員の部谷直亮《ひだになおあき》氏が尽力された。部谷氏は、やはり巻末に掲載された「特別寄稿　陸軍中野学校の成功と限界に通底する謀略とインテリジェンスの本質」において、以下のように述べている。

〈昭和期の日本の軍首脳部は、中野学校の本来活用すべき戦略や作戦への奉仕ではなく、目前の戦術や戦闘ばかりに活用してしまった。これは現代のみならず将来の日本の戦争指導や情報活動が銘記すべき教訓であり、その愚を繰り返してはならない。同時に優れた情報機関を持つためには優れた指導者やリーダーシップ、そして政治性が必要だ〉

こちらもきわめて重要な指摘だ。繰り返すが、国家戦略とうまく紐《ひも》づけられるかどうかが、情報活動の成否を決める。

我が国の過去、近現代史を謙虚に学べば、針路は自ずと見えてくるはずだ。事実、過去の歴史を振り返れば「DIME」のいずれをとっても、日本は決して世界に引けをとらない。奢る必要はないが、俯《うつむ》いたり悲観したりする必要もない。

国家の自由と独立を勝ちとるためにも、凶弾に斃れた安倍元総理ら、戦後の国士たちが尽力し、少しずつ日本に根づきつつある「DIME」に基づいた国家安全保障戦略を、さらに拡充していかなければなるまい。

おわりに

私の父は東京で朝日新聞社専属の広告代理店に勤めていて、母の実家も東京にあったことから、私は東京で生まれた。

幼少期に千葉県佐倉市へと移り住み、私が中学二年生のとき、父の実家がある福岡県大川市へ移住して、脱サラをした父は家具メーカーの会社を始めた。父の家系が代々大工の棟梁で、大川市は家具の街だった。高校三年生までは大川市で過ごした。

中学生から高校生のときに、国際情勢に対する関心を強めた。以前の勤め先の影響か、父は思想的には左寄りで、子供たちに時局問題についてあれこれと話をするのが好きだった。母方も祖父とその弟がＮＨＫのアナウンサーで、どちらかといえばリベラルの家系だった（親族には、毎日新聞社の高石真五郎元社長や東京大学法学部の宮澤俊義教授がいる）。

家では日常的にソ連のアフガニスタン侵攻、石油ショックと物価高、労働運動などの国際政治、社会問題の話題が出た。もちろん、購読していたのは『朝日新聞』だった。そのせいで、高校生になると、東南アジアの開発独裁、フィリピンのスモーキーマウンテン（スラム街）をはじめとした貧困問題、反核運動などに関心を抱くようになった。時代の風潮もあって『毛沢東語録』をはじめとする中国共産党やソ連に関する本も読み漁《あさ》った。

あるとき、高校の先生が「アジア諸国が貧困に喘いでいるのはアメリカ帝国主義が悪い」といった。「では、アジアの苦しんでいる人たちをどうすればよいのですか」と問うと、「日本は憲法を守ってアメリカ帝国主義に反対すべきだ」という。違和感を覚えた。

アジアの貧しい子供たちを救うために、なぜ日本が憲法を守ること、アメリカ帝国主義に反対することが大事になるのか。困っている人を助ける行動を起こさずに「アメリカに賛同している自由民主党は悪い」というだけでよいのか。

疑問をもちながら九州大学に進学し、福岡市で下宿生活を送るようになったが、せっかく大学に入ったのだから、内外の社会の矛盾を改善するためにどうしたらよいのか、など難しいことを考えようとした。幸いなことに同じような問題意識をもつクラスメイトと出会い、現代哲学や国際政治などに関する読書会を開くようになった。

とはいえ、一年生だけで読書会をしてもなかなか深まりがない。気になる大学教授の研究室を訪ねて、教授たちと議論をしたこともあったが、長続きしなかった。もっと深く学びたい、と思って吉田松陰をはじめとする幕末政治思想史の専門家、山口宗之教授が指導していた文科系サークルに出入りするようになり、そこから近現代史や先の戦争の問題について学ぶようになった。大学一年生の後半だ。

そのとき、サークルの勉強会に講師で来ていた小柳陽太郎先生（九州造形短期大学教授）という生涯の恩師に出会った。小柳先生は日本の古典、とくに『万葉集』や『古事記』、聖徳太子などについての専門家で、『教室から消えた「物を見る目」、「歴史を見る目」』（草思社）、『名歌でたどる日本の心』（共編著、草思社）、『日本のいのちに至る道』（展転社）をはじめ、多数の著作を有する。JR東海の葛西敬之《よしゆき》名誉会長の父親の友人でもあった。

大学二年生、十九歳のときのことだ。

いわゆる教科書誤報事件（一九八二年七月、文部省〔当時〕が教科書検定で歴史教科書の「中国への侵略」という記述を「中国への進出」へと書き換えさせたというメディアの「誤報」をきっかけに、中国、韓国が日本政府に抗議をしてきた事件）が発生した。

時の宮澤喜一《きいち》官房長官が八月二十六日に談話を出して、我が国の歴史教科書について今後、中国、韓国の意向を反映させると述べた。私はその年の夏にサークルの勉強会で、特攻隊の遺書や占領政策などについて学び、戦争で亡くなった方々が悪逆非道な軍国主義者などではなく、じつは国のために尽くそうとされていたことを知ってショックを受けていた。

なぜ日本の歴史教科書に、中国や韓国の言い分を掲載しないといけないのか。宮澤官房長官の談話に納得できなかった私は小柳先生のところに行って、政府・自民党はけしからんという話をした。そのときの対話をいまでも鮮明に覚えている。

「江崎君、思想というものは豊かなものだよ。君の話を聞いていると心がギスギスしてくる。心がギスギスするような話をしている人間のいうことに耳を傾ける人がいると思うかい」

「いや、だって、でも政府・自民党はおかしいではないですか」

「だから、自民党がけしからんといって、いまの状況は是正できるのかい。できないだろう。ほんとうに自民党を含めて外交を立て直そうと思えば、それは人生を懸けてのことだ。そのためには、外交はどうしたらよいのか、なぜ自民党はこうなってしまったのか、中国は何を狙っているのか、なぜ韓国に対して日本は弱腰なのか、そもそも先の戦争についてどう考えたらよいのか、君はそういうことについてどれだけ知っているのか」

たしかに当時、私は何も知らなかった。小柳先生は「何も知らなくて自民党はけしからんといって世の中は変わるのか。そんな暇があるのならばきちんと勉強したまえ」と、どうしたらよいかということまで丁寧に話してくれたのだ。

小生意気な学生に対して、きちんと話を聞いてくださった小柳先生の度量の大きさ、深さに感銘を受けたのは、いうまでもない。


私は、疑問があればすぐに聞きに行く性分で、その後も小柳先生のところに通った。最初は大学の研究室だったが、やがてご自宅に伺うようになった。晩御飯どきに伺うと、小柳先生の奥さまが晩御飯を準備してくれることもあった。図々しい学生だったと思うが、私からすれば必死だった。


明治以降の近現代史において巷間《こうかん》語られる歴史観に違和感を抱くようになっていた私は、その疑問をぶつけることが多かったが、小柳先生から繰り返し、こう諭された。

「昭和史についてきちんと勉強しなさい。私が東京帝国大学に通っていた戦前、私の先輩や同輩たちは、近衛文麿《ふみまろ》、東條英機政権の対中・対米政策、経済政策について果敢に批判し、退学処分を受けたりしている。とくに東條英機総理の戦争指導がいかに間違っていて、それに対して『朝日新聞』の緒方竹虎《たけとら》たちがどういうことをいっていたのか、しっかりと学んだほうがいい」

緒方竹虎は福岡県出身のジャーナリストで、戦後は吉田茂総理の側近として官房長官などを歴任し、日本版ＣＩＡを創設しようとした人物だ。現在の自由民主党をつくった政治家でもある（このときの小柳先生の示唆を受けて二〇二一年、『緒方竹虎と日本のインテリジェンス』〔ＰＨＰ新書〕を上梓した）。

当時、大学生だった私は戦後の対日占領政策への反発を強く感じていて、その反動で戦前の日本は素晴らしかったと勝手に思い込んでいた。そこで先生はさらにこういわれた。

「江崎君、戦前の日本にも問題はたくさんあったのだよ。そこにもきちんと向き合って研究をしないといけない。そこもよく理解しないままに、戦前はよくて戦後はダメだったみたいなものの考え方をしているあいだは、何も見えてこないよ」

生意気な私は、こう言い返した。

「申し訳ないのですが、先生のいっていることはよくわかりません。ついていけません」

「ついてこれるわけないじゃないか、そんな簡単に」

「ついてこれなくていいのですか」

「ついていきたいと思うのであるならば、三十年くらい死ぬ思いで勉強すれば、ぼくがいっていることが理解できるようになるでしょうね」

三十年か、と思わず驚いたことを、いまでも覚えている。

「そんなに時間がかかるのですか」

「幕末の志士で、松下村塾《しょうかそんじゅく》を開いた吉田松陰先生は、『万巻《まんがん》の書を読むに非《あら》ざるよりは、寧《いずく》んぞ千秋《せんしゅう》の人たるを得《え》ん』、つまり一万冊の書物を読破するのでなければ、どうして長い年月にわたって名を残す、不朽の人となることができるだろうか、できはしないとおっしゃっている。一万冊の本を読もうとすれば、一年間に三三三冊、つまりほぼ毎日一冊読んでちょうど三十年かかる。実際に三十年くらい勉強を続ければ、いろいろなことがわかってくる。

学問というものは厳しいものだし、でもほんとうにそれをきちんとやっていけば、君は日本の外交や安全保障に対して一定の役割を担うことができるようになるかもしれない。だから、地道に勉強しなさい」

その後、小柳先生の教えを信じて懸命に勉強を重ねるだけでなく、あちこちの大学の教授たちの研究室を訪ねて回った。そして、大学を卒業して上京後に出会ったのが中島慎三郎先生だった。中国の対米工作への対策の関係で米軍の情報関係者と付き合うようになったのが、三十五歳のとき。その後、平沼赳夫元経済産業大臣らのもとで「創生日本」や新党「たちあがれ日本」などにかかわり、外交・安全保障政策に深く関与するようになったのが四十八歳のときだ。ここまで来るのに三十年近くかかったことになる。

大学生のとき、小柳先生からはこうもいわれた。

「残念ながら君はあまり才能がなく、閃《ひらめ》きがあるタイプでもない。だから、先人たちが突き当たった課題や問題を一所懸命に追うことに人生を懸けたほうがよい。下手に自分で問題意識をもって考えたところで、『下手の考え休むに似たり』だ。それよりも先人たちが追い求めた課題をきちんと追うようにして、そこに人生を懸けたほうが、日本の外交・安全保障政策を立て直すうえでも意味があると思う」

面と向かっていわれて悔しかったが、そのとおりだとも思った。三十年間、必死で勉強を続けたところで、小柳先生の域に自分が達するとは思えなかった。学者として独自の学説を打ち立てる力量があるとも感じなかった。そうであれば、小柳先生たちがやってこられたことを追い求めて、そのなかで自分なりに考えてきたことをかたちにするほうがよほど、世のため国のためになると思うことにした。おかげで中島慎三郎先生たちに出会い、平沼赳夫先生、石原慎太郎先生らのもとで仕事をすることができた。

歴史を振り返れば、こうした人生の定め方をしたのは私一人だけではない。我が国の歴史をつぶさに見ていくにつけ、日本という国は一人の天才がつくった国ではない。先人の方々が追い求めてきたものを後進がさらに追い求めるなかで、さまざまな課題を一つひとつ解決してきた国なのだ。

さらにいえば、先人の方々の志のバトンを受け継ぐ人が多いときは、日本は発展し、少ないときは元気を失ってしまうように思う。

デフレに苦しんできたこの三十年だけが日本ではない。戦争に負けて軍事やインテリジェンスを忌避した戦後だけが日本でもない。アメリカや中国ができて、日本にはできないという勝手な思い込みから自由になるためにも、先人たちの叡智に学び、その志を受け継ぎながら、ＤＩＭＥを使いこなす、賢く、強い日本を築いていきたいものである。

江崎道朗

令和五年三月

江崎道朗（えざきみちお）
1962年、東京都生まれ。九州大学卒業後、石原慎太郎衆議院議員の政策担当秘書など、複数の国会議員政策スタッフを務め、安全保障やインテリジェンス、近現代史研究に従事。2016年夏から本格的に評論活動を開始。産経新聞「正論」欄執筆メンバー。日本戦略研究フォーラム（JFSS）政策提言委員。歴史認識問題研究会副会長。オンラインサロン「江崎塾」主宰。2018年、『日本は誰と戦ったのか』（ＫＫベストセラーズ）で第１回アパ日本再興大賞受賞、2019年、フジサンケイグループ第20回「正論新風賞」受賞。
主な著書に『知りたくないではすまされない』（KADOKAWA）、『コミンテルンの謀略と日本の敗戦』（第27回山本七平賞最終候補作）『日本占領と「敗戦革命」の危機』『朝鮮戦争と日本・台湾「侵略」工作』『緒方竹虎と日本のインテリジェンス』（いずれもPHP新書）、『日本外務省はソ連の対米工作を知っていた』『インテリジェンスで読み解く米中と経済安保』（いずれも扶桑社）ほか多数。

装幀／芦澤泰偉
編集協力／島田栄昭
ＤＴＰ／有限会社エヴリ・シンク

なぜこれを知《し》らないと日本《にほん》の未来《みらい》が見抜《みぬ》けないのか
政治《せいじ》と経済《けいざい》をつなげて読《よ》み解《と》くDIME《ダイム》の力《ちから》

2023年４月３日　初版発行

著者／江崎道朗《えざきみちお》

発行者／山下直久

発行／株式会社KADOKAWA
〒102-8177　東京都千代田区富士見2-13-3
電話　0570-002-301（ナビダイヤル）

印刷所／大日本印刷株式会社

ISBN 978-4-04-605474-6　C0033